スポーツが時代の壁を破る

スポーツフロンティアからの政策提言

日本スポーツ政策推進機構　編著

目次

装丁・本文デザイン
PAARE'N

カバー写真
PIXTA

インタビュー写真
フォート・キシモト

本文写真
BBM、Getty Images、週刊プロレス、ラグビーマガジン

1章

なぜ、私たちは
スポーツ政策を提案するのか

スポーツは、人とともに時代を歩んできた。人は時代をつくり、ときに、時代に翻弄される。スポーツが力を発揮する時代もあれば、時代に翻弄されるときもある。

日本のスポーツは、1911年にその歩みを始めた。その歩みの起点となった大日本体育協会の創設にあたり、嘉納治五郎はその趣旨を以下のように述べている。

「国の盛衰は、国民の精神が充実しているか否かによる。国民の精神の充実度は国民の体力に大きく関係する。そして、国民の体力は国民一人ひとり及び関係する機関・団体等が体育（スポーツ）に関して、その重要性をどのように認識しているかによる。

我が国の体育（スポーツ）の振興体制は、欧米諸国に比べ著しく劣っており、必然的に青少年の体格も劣弱の状況である。そのため、一大機関を組織し、体系的に国民の体育（スポーツ）の振興を図ることが急務である。

一方、オリンピック競技大会は、世界の文化の発展と平和に貢献するものである。したがって、オリンピック競技大会への参加に向けた体制を早急に整える必要がある。

このような我が国の体育（スポーツ）の現状と世界の動向に鑑み、国民の体育（スポーツ）の普及振興とともに、オリンピック競技大会への参加を念頭においた組織・体制を整備するため、『大日本体育協会』を創立する。」

嘉納は時代を背景とした国家観から国民の体力に言及、欧米との比較から日本の状況を捉え、スポーツ（体育）の振興と組織体制の整備の必要性を述べる。そしてオリンピック競技大会の意義を文化の発展と平和への貢献に資すると強調するなど、目前のオリンピック競技大会参加を目的としながらも、国際的な視野に立ってスポーツ・体育を考えていたことがわかる。

派遣財源の調達など多くの人々の努力により参加した初めての大会で、日本は世界における立ち位置を知る。その後、オリンピックは日本スポーツ界の目標の一つとなっていく。嘉納が生涯をかけた１９４０年夏季大会の日本開催が一度は承認されるも、日中戦争のため政府が返上を決める。第二次世界大戦後、１９４８年の第14回ロンドン大会に日本の参加は許可されず。ロンドン大会決勝同日に行われた日本選手権で、古橋廣之進が世界記録を打ち立て国民的英雄となる。

戦後復興を世界に示すべく、東京で開催した１９６４年第18回オリンピック大会では、新幹線や首都高速、そして衛星放送などを実現、この大会の自国開催をとおして、多くの日本人がスポーツにインスパイアされる。２０１６年東京大会招致をリードした石原慎太郎もその一人である。

大会を返上した東京大会の40年後、旧ソ連のアフガニスタン軍事侵攻に抗議した西側諸国が１９８０年モスクワ大会をボイコット、日本も政府の強い意向を受け、選手団の派遣を見送る。以降、スポーツ界のトラウマとなり、スポーツは政治と距離をおくこととなる。

時代は推移し、１９８９年にはベルリンの壁が崩壊、東西冷戦が終結する。マンデラ大統領が、１９９５年のラグビーワールドカップ南アフリカ大会を通してアパルトヘイト解消を実現、「スポーツは、世界を変えることができる」と述べた。国内ではバブル景気、そして破綻、２００１年にはスポーツ振興くじが開始され、その後スポーツ界の重要な財源となる。

日本のスポーツ100年の節目にあたる2011年3月には東日本大震災が発生、同年6月にスポーツ基本法が制定され、7月に日本体育協会（現JSPO）からスポーツ宣言日本が発表される。

「現代社会におけるスポーツは、それ自身が驚異的な発展を遂げたばかりでなく、極めて大きな社会的影響力をもつに至った。今やスポーツは、政治的、経済的、さらに文化的にも、人々の生き方や暮らし方に重要な影響を与えている。」

スポーツが政治的に重要であることを、スポーツ界自らが宣言するときが来た。国もスポーツ立国を目指しスポーツ庁を創設、モスクワ大会から40年を経て新たな時代に入る。

ラグビーワールドカップ2019日本大会では、多様性など新たな価値観をもたらすとともに、チケット販売率99・3%、経済波及効果6464億円と大成功を収め、スポーツの力が数字で視覚化される。故安倍晋三総理自らブエノスアイレスでのプレゼンテーションを行い開催権を得た東京2020大会は、新型コロナウイルス感染症拡大により、1年延期、そして無観客開催となった。

日本スポーツの歩みを振り返ると、信念をもってその時代をつくり、スポーツをすすめてきた多くの人々の存在に気づく。時代をつくる人の言葉と生き方には学ぶことが多い。本書では、今の時代をつくり、未来につながる歴史の次章を拓かれている方々に、そのスポーツ観について伺い、まとめた。これからのスポーツそしてスポーツ政策を考えていくうえでの糧としたい。

（日本スポーツ政策推進機構　副理事長・河野一郎）

Sport Frontier Interview

1

横断的な情報共有と連携をスポーツ政策に生かす

遠藤利明

衆議院議員、日本スポーツ政策推進機構理事長
※インタビュー時は日本スポーツレガシーコミッション理事長

「スポーツフロンティアからのメッセージ」は、スポーツに関わるあらゆる人たちに、もっとスポーツ政策を身近に知ってもらいたいという思いから立ち上げたインタビュー企画です。スポーツ政策の最前線に立つ〝フロンティア〟を毎回ゲストに迎えて、見えにくい・わかりにくいといわれがちな法整備の解説やスポーツ統括団体の課題、産業界の取り組みなど最新情報をお届けするとともに、〝フロンティア〟の皆さんのスポーツ体験、スポーツ観を披露していただきます。第1回は2021年2月に実施しました。

このインタビュー企画を主催する当時の「一般財団法人日本スポーツレガシーコミッション」理事長、現「一般財団法人日本スポーツ政策推進機構」理事長の遠藤利明が発足の経緯を語るとともに、自らのスポーツ観を披露しました。「日本スポーツレガシーコミッション」は2020年、スポーツ界と行政機関、産業界のハブとして垣根のない情報共有と連携を目指す機関として創設されました。

その後、東京2020オリンピック・パラリンピックの開催を経て、2022年に「一般財団法人日本スポーツ政策推進機構」に改称し、2023年1月の「日本スポーツ会議2023」の開催など、スポーツの普及・振興を目指して活動の場を広げています。

（聞き手／文＝高樹ミナ）

日本スポーツレガシーコミッションの発足

――「スポーツフロンティアからのメッセージ」のインタビュー第1回ということで、この企画が生まれた背景と目的についてお聞かせください。

昨年（2020年）、スポーツ界の横の広がりをつくるために「日本スポーツレガシーコミッション」という新しい組織をつくりました。スポーツ界はこれまでどちらかというとスポーツ界の人だけ、あるいは一つの統括団体の中だけで情報交換が行われる傾向にあり、情報交流がうまくできていませんでした。例えば平成27年（2015年）にスポーツ庁ができるまで、デフリンピック（ろう者が対象）やスペシャルオリンピックス（知的障がいのある人が対象）といった、オリンピックやパラリンピックに匹敵するような国際大会を支える行政の組織がなかったんです。そこでスポーツ界だけでなく、スポーツ選手を支援している経済界も巻き込み、もっと横のつながりをつくって情報交換できるプラットフォームが必要だと考えました。そこでつくったのが日本スポーツレガシーコミッションで、この「スポーツフロンティアからのメッセージ」は情報発信の役割を担います。

――特にスポーツ政策に関する情報は「見えにくい」「わかりにくい」というところがありますね。

そうなんです。国会には超党派のスポーツ議員連盟がありまして、私はそこの座長をしているわけですけれども、私たちの活動内容が表に出ることはほとんどありません。例えば、平成10年（1998年）に「スポーツ振興投票の実施等に関する法律」ができ、平成13年（2001年）に全国発売されたスポーツ振興くじ（正式名称：スポーツ振興投票）は昨年（2020年）の秋、サッカーくじの商品拡大やバスケットボールのBリーグを対象競技に加えるなどの改正がありました。

しかしながら、その経緯を知る人はスポーツ関係者やアスリートにも少ないと思います。私はこうしたスポーツ関連の法整備や予算づくりにおいて、もっと横のつながりの中で考え、提言されるべきだと思うのです。そういった思いがずっとあり、これからの日本のスポーツを考えたときにもいま、つくっておかなければと日本スポーツレガシーコミッションを立ち上げました。

「スポーツは楽しいもの」と教えてくれた恩師

――スポーツ政策の第一線にいる方は何かものすごい競技歴をお持ちなのかなとも思いますが、遠藤さんの場合はちょっとユニークなんですよね。

私は典型的な野球少年で、中学生までひたすら野球をやっていました。といっても草野球みたいなものでしたけどね。高校でもやりたかったんですが、学校が自宅から遠かったもので親父が「帰りが遅くなる野球部はダメだ」と言って、親父に勧められた柔道をやりました。ところが柔道はどうも性に合わなくて、3年生になる前にやめてしまったんです。大学に入ってからは体育の授業でたまたまラグビーを始め、そこで出会った桑原寛樹先生という生涯の師からラグビーを通してスポーツの魅力をたっぷり教えられました。

――そのときに学んだスポーツの一番の魅力とは？

まず桑原先生の考え方が魅力的でした。私が大学に入学したときは学園紛争のまっただ中で、入

法整備を行いスポーツを国の政策として位置づけた遠藤利明氏

学して半年間、授業は休講続きだったんです。ところが桑原先生は最初の授業で開口一番、「私は絶対に授業を休みません。授業をやるというのは私と皆さんとの契約ですから」とおっしゃった。この言葉はものすごい鮮烈で「この先生、すごいな」と感銘を受けました。以来、半年間はラグビーの授業のために大学に通うような状態が続き、桑原先生の魅力にひかれた私は先生の主宰する「くるみクラブ」というラグビーチームに入会しました。このくるみクラブが体育会系ではなく、ヨーロッパの地域クラブ型のチームづくりをしていたのです。

――当時としては画期的ですね。

グラウンド整備やボール磨きは4年生がやれと。そういうのは普通1年生の務めですが、桑原先生は「ラグビーを一番楽しんでいるのは技術も体力もある4年生。余裕があるのだから4年生がやるのは当たり前だ」と。練習も「1年生は4年生と同じ練習ができるわけない。だから最後までやろうと思わなくていい。まずは30分でいいから手抜きをしないで一生懸命やりなさい」と言われました。高校までの運動部は練習中にバテたりするとうさぎ跳びをやらされたりして、かえって負荷をかけられましたけれど、それとは全く逆の発想でした。あと「練習のためのスポーツには意味がない。楽しいゲームをするために練習をするのだから」と、1年生にはすぐタッチラグビー（危険が伴うタックルを安全なタッチに置き換えたラグビー）のゲームをさせてくれました。私はこうした体験を通じて「スポーツは楽しいものなんだ」と知りました。その感覚は今日、スポーツ政策に取り組む上でもベースとなっています。

スポーツ振興くじの多大なる貢献

――遠藤さんはスポーツ振興くじやスポーツ基本法の制定などに手腕を振るってこられました。その成果をどうお感じになっていますか？

当時の文部省（現在の文部科学省）で準備を始めた当初、「くじ」には賭博というイメージがあって反対意見も多く、なかなかうまくいきませんでした。その頃はスポーツ政策なんてなかったし、スポーツ予算は同じ文部省所管の文化芸術の2、3割程度。予算を増やそうとしても財源がないから、スポーツは企業からのスポンサー支援と、あとはコーチや関係者が手弁当で手伝っている状態でした。そこでスポーツ振興くじを作って、その収益の一部をアスリートの強化や地域のスポーツ普及に使おうと、平成10年（1998年）に成立したのが「スポーツ振興投票の実施等に関する法律」でした。その3年後に全国発売がスタートしたスポーツ振興くじの売り上げは2020年までの19年間で総額2827億円に達し、スポーツ振興助成やスポーツ振興基金、Jリーグへの配分などに投じられています。

――スポーツ振興には当然お金がかかりますから、スポーツ振興くじの効果は大きいですね。

スポーツ振興くじの売り上げによる財源がなければスポーツ界は成り立ちません。ちなみに令和2年度（2020年度）のスポーツ予算は351億円。それに対しスポーツ振興くじがスポーツ界に還元したのが200億円ですから、スポーツ振興くじがいかに日本のスポーツ界を支えているかをおわかりいただけると思います。その一方でスポーツ振興くじの売り上げは何に使われているのかよくわからないとか、スポーツ振興のためのお金はすべて国が出してくれていると思っている方は少なくありません。

スポーツ振興投票によるスポーツ界への貢献

総額	**2827億円**
スポーツ振興助成	2035億円（平成14年～令和2年）
スポーツ振興基金	76億円（平成14年～令和2年）
特定金額	572億円（平成25年～令和1年）
Jリーグへの配分	144億円（平成12年～令和1年）

上記に加え963億円を国庫納付

——2020年12月に行われたスポーツ振興くじの主な改正内容を教えてください。

まず、これまでのサッカーにバスケットボールが加わりました。またサッカーは単一の試合の結果やスコアを予想する商品と、リーグ戦やトーナメント戦の順位予想をする商品が新たに導入されました。これら新商品を作ると同時に、部活動を含む地域スポーツの振興がまだまだできていないということで、スポーツ振興助成の対象を広げ、体育館の空調やグラウンドのナイター照明の整備、災害や新型コロナウイルスのような感染症が発生した場合の医療スタッフの確保などに助成が行われます。

スポーツを国の政策に位置づける

——遠藤さんがスポーツ政策に本腰を入れるきっかけは何だったのでしょう?

平成15年（2003年）に自民党の文教部会という文部科学省の予算を審議する組織の部会長になり、そこで文化芸術とスポーツの予算審議に携わったのがきっかけです。そして平成18年（2006年）、文部科学副大臣になった年にトリノ冬季オリンピックがあって、日本は荒川静香さんがフィギュアスケートで取った金メダル1個に終わりました。なぜこんなに日本のスポーツは弱くなったのだろう。もう一度日本のスポーツを強くしようと考えた私は、すぐさまスポーツ懇談会を開きました。すると国にも地方自治体にもスポーツ振興をするための政策がないとわかり、スポーツ政策が進んでいるオーストラリアを視察するなどして、一年がかりで「『スポーツ』立国ニッポンを目指して～国家戦略としてのトップスポーツ～」という名前のレポート（通称「遠藤レポート」）を作り上げました。

――それが日本のスポーツ政策の第一歩となったわけですね。

はい、そしてスポーツを国の政策にしっかりと位置づけるには法律が必要だよね、法律ができたら、それを執行する機関が必要だよね、ということで昭和36年（1961年）にできたスポーツ振興法を見直す議論を始めました。スポーツ振興法には女性スポーツや障がい者スポーツのことは書かれていないし、ドーピングのことも書かれていない。ましてやスポーツマネージメントなんて言葉もなくて、全く時代に合わなかったんです。それで平成23年（2011年）にスポーツ基本法が成立し、これを執行する機関として平成27年（2015年）にスポーツ庁ができました。ちなみにスポーツ基本法ができるまでスポーツは文部科学省、障がい者スポーツは厚生労働省、スポーツビジネスは経済産業省、スポーツ外交は外務省、地域スポーツは総務省、それから全国の体育館やグラウンドは国土交通省というように所管が分かれていました。

各方面の意見を政策提言に反映する

――日本スポーツレガシーコミッションは今後、どういった取り組みをしていくのでしょう？

事業の柱は、①スポーツに関わる政策情報の配信、②スポーツ人材の育成と交流の推進、③スポーツ政策の提言、④スポーツフォートゥモローの継続、⑤ラグビーW杯2019レガシー展開、⑥国際スポーツ大会招致/機関誘致支援と大きく6つあります。その中でも大きな役割はスポーツ政策の提言だと考えています。スポーツを「する・見る・支える」の観点からアスリートや競技団体、その他のさまざまな組織が困っていることを横断的に取りまとめてスポーツ庁に政策提言し、いま、スポーツ界にはこういう予算や法律が必要なんですと要求できる組織として機能することを目指します。これまではスポーツ議員連盟が有識者の皆さんと一緒に政策を作りスポーツ庁に上げてきたんですけれども、もっとアスリートやスポーツ団体、企業の皆さんにも直接ご意見をもらえるよう、日本スポーツレガシーコミッションは国会の中ではなく独立した形でつくりました。

――気になる東京オリンピック・パラリンピックの準備についてはいかがでしょう？

私は2015年から1年ちょっと、初代の東京オリンピック・パラリンピック担当大臣をさせていただいて、現在は大会組織委員会会長代行として仕事をしているのですが、大会準備は着実に進んでいます。ただ、今はコロナの緊急事態宣言下で声高々にこれをやるぞ、あれをやるぞという時期ではないので、準備だけはしっかりしていこうと淡々と仕事を進めています。皆さんが一番心配されているコロナ対策ですが、選手1万1000人と関係者6000~7000人に関してはPCR検査を徹底するなどして管理できる体制にありますが、外国人の観客についてはすべて管理するのが難しいので、そこの判断をしていかなければなりません。状況に合わせて観客が50%のと

東京2020大会開催に向けて組織委員会会長代行として準備を進めていった遠藤氏
写真:Getty Images

き、80%のとき、あるいは無観客のときの対応を、もちろん難しいですけれどもシミュレーションしています。

――オリンピック・パラリンピックに限らずスポーツが多くの方の理解を得ていくには、その都度情報発信をしていくことが大事になりますね。

そうですね。私も先日、ジャパネットたかた初代代表取締役社長の高田明さんに長崎のサッカーチームづくりとスポーツの構想を聞いて、こういうチームづくりをしているんだな、面白いなと思いました。ああいった多様な方々にこの「スポーツフロンティアからのメッセージ」でぜひ話をしていただきたいです。

[2021年2月10日にインタビュー]

2章

いま取り組みを始めた
スポーツ政策

Sport Frontier Interview

2

可能性としてのスポーツホスピタリティ

田川博己

JTB相談役、東京商工会議所副会頭

※元JTB代表取締役社長、元日本旅行業協会会長

東京商工会議所副会頭の田川博己さんは日本の旅行業最大手ＪＴＢの社長、会長、また日本旅行業協会会長などを歴任、長く旅行業界を牽引されてきました。現在は経験、知見を活かして「スポーツホスピタリティ」問題に取り組まれています。これからのスポーツを考える上で重要な鍵となるスポーツツーリズム、スポーツホスピタリティとはどのようなものなのか。スポーツによる地方創生、スポーツ観戦とビジネスとの組み合わせから生まれる新たなスポーツ文化の創造とは何か。詳しくお話を伺いました。

（聞き手／文＝佐野慎輔）

新しい実験の機会は失われたが…

――東京２０２０オリンピック・パラリンピック競技大会開催も含め、新型コロナウイルスの感染拡大が社会に大きな影を落としました。そのあたりからお話いただければと思います。

まずパンデミック（世界的流行）というのは本当に想定外で、我々も２００３年にＳＡＲＳとかＭＡＲＳとか、その後も新型のインフルエンザの経験はあったのですけれども、ここまで世界で蔓延するのは想定外でした。この業界に入って50年になりますが初めての経験で、そういう意味ではどうしていいのかわからなかったというのが正直な気持ちです。ただ、オリンピック・パラリンピックが開催できたことは、非常に大きかったと思います。やはりスポーツの力とか、ツーリズムという交流の力であるとか、何と言ってもテレビでの放送や報道を通して、世界のアスリートの熱意を感じることができたからです。

――しかし旅行業界には大きな影響があったでしょう。

今回は無観客での開催でした。観客として応援に行って見るというのが本来の自然な姿ですが、無観客は無観客なりの楽しみ方というのがあったのではないかと思います。ただ、旅行業界にとっては経営的にも営業的にも非常に大きな期待を失ったと言ってもいいと思います。特に２０１９年にはラグビーのＷ杯日本大会もあってインバウンドは３０００万人を超えました。今回はそれを継承して日本におけるインバウンドのあり方について確認するための新しい実験ができるか、という期待がありました。しかしながら、そうした機会を失ったわけです。

もう一つ、オリンピックには文化面でのアピール効果が大きいのですが、その機会も失ってしまいました。７年くらい前から準備をしていて、ツーリズム業界にとっては非常に大きな機運になっておりました。

――かなり仕掛けは考えられていた？

ええ、私が会長をしていたＪＡＴＡ（日本旅行業協会）などが中心となって、「ツーリズムＥＸＰＯジャパン」というイベントを毎秋に開催しておりますが、それは文化面での効果を発揮するための実験場でもありました。また、私はラグビーW杯2019日本大会組織委員会の理事でしたが、そのときの理事会で、W杯は、単なるスポーツの祭典ではなく、人々の交流の祭典だという話になり、人々の交流の実験ができたのでした。ですから、東京2020大会も日本のインバウンドのあり方をテストする大きな機会だったのです。

――新型コロナウイルス禍での開催というイメージダウンについては、どう思われますか。

日本には世界的な評価があるということをもう1回思い出してほしいですね。私は「イメージダウンはない」と断言できると思っています。2年に1回ダボス会議の中で世界の観光ランキングが発表になります。2年に1回なので本当は2021年に発表されるはずでしたが、コロナ禍で、会議が開催されませんでした。2019年に開催されたときは、日本はなんと世界4位（※1）でした。私どもの国の上にいるのはフランスやスペインなど観光大国です。その審査基準は何十項目もあるのですが、その中でも公衆衛生という重要な項目において日本が世界で第1位なのです。

特に清潔感に関しては、江戸時代の後期から、明治、大正、昭和、現在に至るまでずーっと世界中の人の日本へのクリーンなイメージは変わっていません。「美味しい水が飲める」という、そうした世界の人たちの日本に対して持っている良いイメージを日本人の方々にしっかりと伝えたらいいと思います。今回、パンデミック期間中に世界でいろいろなアンケートを取っています。すると、アジア地区でも欧米でもコロナ禍から回復したら訪れたい国のトップに日本はいるのです。日本はそういう評価を受けていることを、私はまず日本の方に知ってもらわないと…、と思っています。

――今回、選手たちが口々に日本の国民の寛容性に感謝するとともに、おもてなしの心が伝わったと話していましたね。

帰国するときの成田空港でのインタビューなどで、かなり多くの外国の選手の方々がそのように答えていらっしゃった。日本人の中には今はパンデミックなので日本に来てくれるな、みたいな気持ちがある方もいるかと思うのですが、世界の人が日本をどう見ているかということをしっかり伝えて、その上で判断してもらいたいですね。一定のプロセスができたら、そういうことをアピールしていかないと日本がまた鎖国状態に戻ってしまうような気がします。せっかく国際化が進み、インバウンドが3000万人も来る日本が、観光ランキング世界4位という立ち位置にいることをぜひ知っていただきたい。そして大きなイベントを呼ぶときは、「なぜ呼ぶのか」という招致側の考え、ビジョンとか哲学をしっかり伝える必要があるのではないかと思います。

ロサンゼルスで知った観客参加の楽しみ

――ちょっと話を変えまして、田川さんのスポーツ経験を教えてください。

私、中・高とバレーボール部でした。大学では卓球の同好会に入りました。慶應の場合には卓球部は2つしかなかった、体育会と同好会。同好会にもうまいヤツがたくさんいました。それでマネージャーをやらせてもらい、クラブ運営とは何かなど勉強できました。
ゼロから始めましたから、どの競技でも基本が大事だとあらためて知って、それが良かったと思いましたね。ただ若干マニアックなんです。ある程度までやらないと気が済まないんです。ゴルフでいえばシングルまで頑張る、団体競技でいえばレギュラーまで頑張る。だから卓球の同好会に入ったときは一番上にはインターハイに出たような部員がいたのですが、自分は一番下の卓球の素人なんですけど、何とかインターハイの部員とラリーくらいはできるまで頑張ろうと思って練習したわけです。スポーツを楽しむと同時に、日本的に言うと〇〇道というか、そういう道を究めること、好きな人多いからね（笑）。

――道を究めるですか？

スポーツをやるときに、そのような感覚がありますね。
私にとってスポーツは何なのかという、メモを作ってきました。第一義的には、人間の健康と精神を同時に鍛えてくれる活動。2つ目は、必ず競技としてルールに基づいて行動する。そのルールを知って学んで、プロセスが勉強になるので、人間形成につながる。ルールのないスポーツはないので、ルールをしっかり勉強することが大事。3つ目が、スポーツを通して知り合う仲間との交流。我々は交流の仕事ですけども、絆が生まれて、オリンピックやパラリンピックのように国際平和に貢献する。スポーツは私にとってこの3つなんですね。この3つをどうやっていくかというのが私の頭の中にあって、スポーツを自分なりに究めるというのはどういうことかと考えています。そこが若干マニアックなところ（笑）。

――JTBに入られて、大きな転機はロサンゼルス勤務だったとか？

50歳のとき、突然でした。１９９８年、99年の2年間、ロサンゼルスに赴任いたしました。99年の暮れの帰国直前にステイプルズ・センターができて、NBAのロサンゼルス・レイカーズの本拠地になるというのでこけら落としに招待されて初めてバスケットボールの試合を観に行きました。クオーターごと、試合の合間にいろいろなイベントがあります。観るだけじゃなく本当に観客が楽しむという仕組みがたくさん用意されていました。観客に楽しんでいただくためにプロデュースしているということに感動しましたね。観客を誘導するコーディネーターがいて、その人が上手に話すと観客がワーッと沸く。観客を巻き込んで、逆に言えば観客がプレーしているような感じです。東京にいるときはそういう感覚になったことはあまりなかったですね。

――アメリカで感じた衝撃ですか？

〇〇道を究めるというのが日本のスポーツの根幹にあって、スポーツ選手の個人の能力を評価する傾向が強いのですが、楽しむよりも、決め技、ゴールシュートなどの個人の優れたプレーやその行動に感動する。柔道なんかがいい例ですよ。決して悪いことではないのですが、選手の個人のパフォーマンスをあまり好みません。アメリカでは観客が参加している。野球でいえば観客がダイヤモンドにいるというように、そういう環境を創るということが非常に大切だと強く感じます。それからもう一つは、スポーツをやっていないオフのシーズン、そういうときでもイベントを開催したりグッズを販売したり。1年中大きな価値を生み出している。ですからアメリカから2000年に帰ってきたときに、あの感動をどういうふうに表現したらよいのかとずっと思っていたんです。この10年くらいですよね、日本でもイベントを楽しむようになったのは。

――スポーツ庁ができて、スポーツの振興策、スポーツ産業というものを育てていこうとなってきたことはすごく大事なポイントですよね。

大事です。観光も、2008年に観光庁ができて、スポーツも2015年にスポーツ庁ができて、イベントなどの意識も高まるのではないかと個人的には思います。そういうビジョンを見せてくれたのはやはりラグビーのワールドカップだったのではないかと思います。

日本人は、例えば、出張でニューヨークで会議があった際に会議が終わるとすぐに帰国してしまう傾向があります。ブロードウェイも観ないで帰ってきちゃう人がたくさんいますね。外国の方は、日本で開催される世界大会に来る方もビジネスが終わった後に、広島など別の訪問したいところに行かれますよ。そういう意味では国際感覚が少し違う。欧米の方のほうが遊び心というか、逆に言えばその国を知ろうという意識が強いからじゃないかなと思っています。

スポーツホスピタリティとは何か？

——田川さんは現在、スポーツとホスピタリティ（狭義には接客、接遇。広義には人と人との関わり、社会や自然とのふれあい）のあり方、考え方をリードされています。それが先ほど実験とおっしゃったことにつながるのでしょうか。

おそらく皆さんは、ホスピタリティとは何ぞやということが、なかなか理解ができていないのではないかと思います。ツーリズムの社会ではホスピタリティって当たり前なのです。これがなければ旅行できませんから。旅行の場合は時間が移動するじゃないですか。非日常の中で、かなり時間を利用していろんなことを体験、経験していきながらホスピタリティを上げていきます。スポーツイベントの場合、日常的な時間の中で、短時間でやらなくてはいけない。少し難しいところもあって、ホスピタリティのイメージがなかなか湧きにくい。音楽イベントなどはこの15年くらい、21世紀に入って、楽しむということについてはかなりレベルが上がってきましたが、これをホスピタリティと思っている人はおそらく少ないと思います。

個人ではイベントに参加して楽しむとか、応援するとかありますが、ビジネススキームとしては、環境が十分整っていません。例えば、日本にはナイトライフのような環境がないでしょう。イベント施設もないですよ。オリンピック施設をこれからどう使っていくかなど、スポーツ分野でビジネススキームとして作り上げていくということがスポーツホスピタリティなのです。集客し、コミュニケーションを図りながら、その成果をスポンサーに残していく、ビジネスとして業績につなげていくということです。スポーツのパトロンに業績を残させるためのプロセスをつくらなければならないということです。

――業績の算出方法は難しいですよね。

プロゴルフの大会のパトロンがありますけど、そのスポンサードをした企業が、企業の業績につながったかどうかなど、よくわからないところがあります。最近は新興勢力のパトロンが多く出てきていますが、古い企業はパトロンをやめてしまうところもあります。やはり、企業というのはお金を支払ったら、集客があってビジネス的な業績がしっかりと残るというプロセスが結果として得られないと、続けられないですよね。逆にそのプロセスや結果が得られない大会では、多くのスポンサーを獲得できないし、スポーツの振興にも役立たないわけです。ラグビーW杯のときに実験をして、多くの方が賛同してホスピタリティの場に集まっていただきました。当然ラグビーの試合を見るのですが、企業人が集まるとそこにコミュニケーションができて、商談ができて、新しい事業が生まれ、次へ進むというプロセスがパトロンになった企業にはよく見えるようになりました。そのことによって、これは単なる食事会ではないのだ、と理解していただけました。

スポーツを通じて集客をして、楽しみながらお客様同士、企業とパトロン同士が共通の話題を持つことによって次のステージに上がる。ゴルフが好きな人はゴルフをみんなで一緒にやって遊ぶのと同じように、共通の話題や経験を持つことはセールスの王道です。世界に行くとテニスの四大大会とか、競馬の凱旋門賞とか、皆さんきれいに着飾って参加されて、華やかなイベントになっています。ただスポーツイベントというのは長くてもせいぜい3時間か4時間です。ですからプレーをする前の空間や時間を使って、食事をしたり、いろんな話題を提供したりしながら一つの旅の時間のように、非日常ではなく「異日常」、異なる日常をつくることによって新しいイベントが作られるということがこれからのあるべき形かなと思っています。

――そのためには施設も必要なんですけど、競技場とか美術館とかをパーティー会場にするという方法もありますね。

それはユニークベニューと言います。例えば国立博物館とか、西洋美術館とか、東京都美術館とか、コンベンションの専用施設ではなくて、特別感があり、参加者にサプライズ感を持っていただけるような会場をユニークベニューとして活用したいのです。6年前にＪＡＴＡでシアトルに行きました。シアトルの皆さんが我々をどこに招待したか、どのようなユニークベニューを使ったかというと、大リーグのシアトルマリナーズの球場、セーフコ・フィールドでした。11月だったので、シーズンオフでしたから、球場のオーロラビジョンでプレゼンテーションをしました。私が座ったところはセカンドのベースの上です。また、イチロー選手が使用していたロッカールームを貸してくれて、そこでミーティングもやりました。

――こうした施設の活用というのは日本人はものすごく下手ですね。

今回の東京オリパラの後の競技会場をどのように使うかはとても大事だと思っています。日本では、よくない傾向として食事をする場所を非常に限定してしまう。お弁当というのは日本の文化ですが、今は幕の内弁当を配っていればいい時代ではありません。オープンキッチンがあって、大画面でプレーを見て、みんなで食事するというイベント施設をこれから造っていく必要があります。ですからホスピタリティを進めていくにあたり、究極的にはイベントをやるだけじゃなくてホスピタリティにふさわしい施設が必要です。その施設にどういうパトロンがいるか、どのようなシェフがいて、どのような料理を提供できるか、そうした仕組みも大事です。ビジネスのホスピタリティというのはそういう世界で、日本にはまだそのような分野が確立されていません。

――プロ野球がVIPルームを設けるなど今スタジアムの形を変えていこうとしていますね。

VIPルームもあれば、広島のマツダスタジアムのように一般の観客がバーベキューを楽しめるところもあります。VIPから外野席に1人で入れるところまで全部あるわけだから、そういう意味で野球場というのはニュートラルです。オフの期間も長いので、活用できる期間も長く、ユニークベニューとして野球場を使ってもらえればいいですね。オーロラビジョンなんかいいですよ、プレゼンテーション用に、大きくて迫力がありますよ！（笑）。

そういう発想が、これから必要かと思います。

スポーツとツーリズムとホスピタリティを連動させて…

――実験は頓挫しましたが、再構築するとすればどこから、どういうふうな形になりますか…。

再構築したいのは国民体育大会とか、インターハイ、マスターズゲームズというような大きな大会です。こういう中にホスピタリティというスキームが入ったらもっと面白いことができるのではないかなと思います。私、福井国体（２０１８年）で福井の文化を知らせたいということで、福井にある神社仏閣、お城、美術館などの見どころを冊子にして全選手に配ってもらいました。また、あらためて福井に来てくださいという思いを込めて…。

ただ、本当はイベントを開催したかった。毎年、都道府県で開催している国体は地方創生にも必ず役立ちます。地域がいま疲弊しているので、大都市はまだいいのですが、地方はどんどん元気がなくなっていっています。福井県の人口は76万人になりました。世田谷区の人口90万人よりも少ないのです。そういう県では大きなイベントをやらないと人が来ない、集客ができない。いまJリーグとかBリーグとか、地方でもスポーツのチームを増やしながら、単なるスポーツイベントではなくて地域に根差して、県民や市民を巻き込む、そういう流れをつくっていくことが大事だと思っています。

マスターズゲームズでも参加する人だけが楽しむのではなくて、開催地の市民の人がボランティアをやりながら一緒になって応援するなど、実はとても大事なことです。そして、その土地の文化や自然を参加者に伝える。

ツーリズムを究めていくとホスピタリティになるのです。ツーリズムって単に旅行させればいいというわけではありません。お客様が旅行によって人生が変わるくらいの感動を得たりや人生の節目となるものなのです。ホスピタリティというのは、そういうものを与える場や環境ですから。スポーツとツーリズムとホスピタリティ、この3つをどうやって連動させるか、そこが非常に大きなテーマだと思っています。スポーツは、必ず余韻があります。その余韻を独り占めして終わらないで、みんなで楽しむことも非常に大事なことなのです。

――そういう意味では、スポーツ庁・観光庁・文化庁、いわゆる三庁連携が非常にポイントになってくるのではないかなと思います。

韓国をはじめ、アジアの国の多くは、スポーツと文化と観光は、一緒の省庁になっています。なぜかというと、すべて連携しているからです。いま自分がこういう立場にいて思うのですが、国際社会では、ツーリズムは、完全に産業化しています。にもかかわらず、日本ではまだまだ言葉だけな気がします。スポーツも世界では本当は産業化しているのですが、日本ではまだまだ体育的なイメージで終わっています。文化も、世界では産業になっています。フランスは文化が素晴らしい。観光立国であるスペインやフランスなどでは、文化というのは産業なのです。ところが、文化も観光もスポーツも、日本では、まだ言葉だけなのです。目に見えない産業ですから、日本の中ではどうしても価値が、ものづくりと比べて劣るように思われている。私はそういう意味でも、文化、観

2022年10月29日のラグビー日本代表vsニュージーランド代表戦では、観戦チケットに専用ラウンジの使用を組み合わせたJTBホスピタリティパッケージが発売され、快適な試合観戦体験やファン同士の交流が図られた　写真:ラグビーマガジン

光、スポーツという価値を認めさせたい、このスポーツホスピタリティもその一環だと思っています。

スポーツを産業化して、企業がそのことによって利益を得て、新しいマーケットをつくり、そしてまた新しい市場ができていくというようなプロセスが必要です。パトロンが増えて、スポーツ振興につながって、ストリートやパークでのスポーツ、ボルダリングなどの新しいスポーツが増えて、裾野が広がるというのが産業化ですから。戦後のものづくりもみんなそうでした。いま、車は電気自動車と水素自動車に変わろうとしています。スポーツも文化もツーリズムも、そういう産業化プロセスの中に入るためには、どうしても具体的なものが必要でしょう。そういうためにホスピタリティが、産業化のプロセスの大きな道筋だと思っています。

今回、日本スポーツレガシーコミッション（現・日本スポーツ政策推進機構）から分科会として認められた大きな要因は、やはり、産業化していくということだと思っています。そして、スポーツの業界に対しても、あるいはツーリズムの業界に対しても、それから企業に対しても、利益につながる仕組みをつくる。その取りまとめをするのがホスピタリティと考えれば理解はしやすいと思います。

――産業として投資があって、見合った場があり、達成した成果があって、さらに再投資があってという「いい循環」をつくっていくということですね。

企業からすると、ホスピタリティに投資するわけではありません。投資したらリターンがないといけません。お客様が集まって、食事をしておしまいでは、ダメなのです。そこに自分たちのビジネスがあり、お客様がパトロン化して、そして自分たちの企業の取引が増えて、それで業績が上がっていくというプロセスが見えないと、投資しませんよね。今回ラグビーでそういう芽ができたところがありました。そのようなものをオリンピック・パラリンピックでも試してみたかったのですけど…。

地方の場合にはDMO（観光地域づくり法人）が、スポーツツーリズムを通じてホスピタリティを増やしていく方法があります。そういう意味で、国民体育大会とかインターハイとか、全国で開催している、地方で開催しているスポーツイベントにそのような考え方を導入して、その地元の企業のパトロンを集めていく。それはJリーグやBリーグと同じ発想だと思います。

――胸にSDGsのバッジをされていますが、スポーツとSDGsとの関係も大事ですよね。

大事ですね。実は私のバッジは真ん中にツーリズムって書いてあります。UNWTO（国連世界観光機関）という国連の観光機関がマドリッドにあってタリブ・リファイさんという事務局長が2015年に国連がSDGs、持続可能な開発目標17項目を発表したときに真っ先にこのバッジを作りました。169のターゲットのうち7、8割はツーリズムで解決できるとおっしゃったのですが、その内容を見ると確かにそうなんです。ライフスタイル的なことも書いてあります。ただツーリズムは非日常的なことであって、日常的なものとセットにするにはどうしたらよいかというときに、最も有効なのは、スポーツツーリズムです。スポーツの持っている広がり、そこにツーリズムが加わると人々の移動と交流になるから裾野が広がります。それに楽しむということを加えるとどうなるかといいますと、それは自ずとわかりますよね。SDGsを究めていくと、ホスピタリティでイベント会場を造るときもSDGsに即した施設を造らないといけないし、ペットボトルを使わないなど脱プラスチックのようなことを意識していかなければなりません。これからSDGsはスポーツの分野でもツーリズムの分野でも、基本になると思っています。

最後に一つだけ、私はスポーツ業界と旅行業界で共通している言葉はやはり、「交流」だと思っています。すべての事象は交流しないと始まらないでしょう。2つの業界がこれを意識して取り組めば、未来はきっと明るいと思います。スポーツホスピタリティというよりも、スポーツツーリズムを律するために必要なことがホスピタリティです。スポーツ側にもツーリズムの側にもホスピタリティは持っているのですが、1+1が3になるような仕組みを考えることが、いま、最も重要です。それを日常的なスポーツイベントに落とし込めたら、楽しい未来は開けると思います。

［2021年8月23日にインタビュー］

※1…2022年現在開発指数世界1位。

Sport Frontier
Interview

3

ラグビーW杯2019の成功を
地域のスポーツ振興と
街づくりにつなげる

嶋津 昭

地方自治研究機構会長
※前ラグビーW杯2019日本大会組織委員会事務総長

「最も偉大なワールドカップ」と称賛されたラグビーワールドカップ２０１９日本大会。地方自治研究機構理事長の嶋津昭さんは大会組織委員会事務総長として運営の先頭に立ち、ラグビー先進国以外では初めて開催された大会を成功に導かれました。この大会が遺したレガシーとその活用とともに、元総務省事務次官も務められ、地域行政の専門家の立場から地域のスポーツ振興についても提言をいただきました。

（聞き手／文＝高樹ミナ）

大会の熱狂と成功の裏の努力

――ラグビーワールドカップ２０１９の熱狂の後、世界中が新型コロナウイルスのパンデミックに見舞われました。世界で起きたスポーツシーンの変化をどうご覧になっていますか？

ラグビーＷ杯２０１９の大会準備を始めた当初から、その後に続く東京２０２０オリンピック・パラリンピック（※１）、そしてワールドマスターズゲームズ２０２１関西（※２）まで、日本で開催される３つの大規模な国際競技大会を「ゴールデンスポーツイヤーズ」と位置づけ、盛り上げていこうと皆で考えていました。東京２０２０大会が１年延期されたことは組織委員会、ＩＯＣ（国際オリンピック委員会）、日本政府、東京都を含む関係者にとって大変なご苦労だったと思いますが、それでもコロナと共存しながら知恵を絞り国際競技大会を開催した経験は、スポーツ界全体に

ラグビーW杯2019のウエルカムセレモニーにて、ビル・ボーモント会長（後列左から3人目）らとともにレガシープログラムの会見に臨む嶋津昭氏（右端）　写真：Getty Images

とっても人類の歴史においてもとても大きなレガシーだったと思います。

――あらためて振り返ったとき、ラグビーW杯2019の成功はどこにあったと思われますか？

1つ目はやはり日本代表チームの健闘でしょう。2つ目は各開催自治体の強力なサポート。そして3つ目にはラグビーファンの盛り上がりがありました。大会をきっかけにラグビーに夢中になった「にわかファン」と呼ばれるような方々も含め、多くの日本国民がラグビーW杯を受け入れ盛り上げてくださった。そこに大会成功の最も大きな要因があったことは間違いありません。

――すべてが順風満帆だったわけではなく困難に直面する場面もあったと思いますが。

いくつもありましたよ。中でも思い起こされるのは開会式と決勝戦を行う予定だった国立競技場が工期延長のために使えなくなってしまい、既存の他会場で行うプランB（※3）に移行せざるを得なくなったこと。2つ目は大会期間中、台風19号の影響で大会終盤の3試合の中止を余儀なくされたというのもありました。これは大会史上初めてのことで、そうした場合のリスク対応も一つの経験として蓄積されたと思っています。加えてもう一つ、ラグビーの強豪国が属するカテゴリー「ティア1」に日本が入っておらず、そういう国でW杯を開催した例が過去にないことから、運営の経験不足がリスク要因になるのではないかと一部から大会開催を不安視する声があがりました。そうした心配を払拭しようと日本ラグビー協会も努力しましたし、我々組織委員会とワールドラグビー（※4）で議論を重ねながらワールドラグビーがカバーしてくれたおかげで、満を持して開催にこぎつけることができたのです。大会終了後の記者会見でワールドラグビーのビル・ボーモント会長が、日本大会は、我々にとっても最も成功した大会だと断言したことは、これを裏付けています。

各種国際競技大会に引き継いだ運営ノウハウ

――大会運営の記録はラグビー以外の大会にも引き継がれたのでしょうか？

大会後の総括を経て、各部署の担当者が詳細な報告書を作りました。それは単なる記録ではなく、大会を運営しながらどういうことに気がついたのか、運営を通じた「学び」も含めて書いてもらったものです。それをワールドラグビーにも持って行きましたし、東京2020大会組織委員会他、いくつかの関係団体にも引き継ぎました。「学び」というと聞こえはいいのですが、要するに反省点や失敗談を率直に書いてもらったわけです。失敗から学ぶことは多く、そうした具体例を共有することによって、今後の国際的なイベントや大会運営の参考にしてもらえればと考えました。

――それらの成果は大会後、どう生かされているとお感じでしょうか？

２０１９年の大会終了後、ワールドラグビーのビル・ボーモント会長が、「大会開催を契機にこの国にラグビーの新しいマーケットが開かれた」と述べられていました。２０１５年のイングランド大会がいろいろな意味で「レコードブレーキング」な大会だったのに対し、２０１９年の東京大会はラグビーのマーケットを新たに開拓した、いわば「グラウンドブレーキング」な大会に位置づけられたと思います。そのことは大変意義深いことですし、日本ラグビー界のその後の展開として、国内リーグが新たな枠組みで生まれ変わる（※５）ことになりました。２０３０年あるいは２０３５年あたりに再び日本でラグビーW杯をといった構想も十分あり得ると思っています。

――国籍を超えたラグビー日本代表チームのあり方にも注目が集まりましたね。

国籍や肌の色にかかわらずチームが結束して戦う姿もスポーツのダイバーシティを国民の皆さんに広く印象づける機会になりました。近年、テニスの大坂なおみ選手やゴルフの笹生優花選手ら多様なルーツを持つ選手の活躍が注目され、スポーツファンの間でもダイバーシティの考え方が広く根づいていますから、ラグビーW杯もそのきっかけの一つになってくれたらうれしいですね。もともと日本国民には大規模スポーツイベントを受け入れる素地があると感じています。サッカーにはすでにマーケットができていますが、今後そうした流れはバスケットボールやバレーボール、卓球など幅広いスポーツに広がっていくだろうと期待しています。

スポーツ振興の鍵は自治体と各地域協会の連携

——嶋津さんはかつて総務省事務次官をお務めになった地方自治のプロフェッショナルですが、地域活性化においてスポーツはどういった役割を担えるとお考えですか？

ラグビーW杯でもそうだったんですが、日本の地域社会を支える基礎自治体は本当にしっかりした組織と基盤を持っていて、そこが地域活性化における強みだと思っています。ラグビーの世界でも47都道府県の他、市町村単位でラグビー協会が組織されています。そこが核となり、スポーツを通じたさまざまな取り組みで地域を盛り上げてくれると期待しています。また日本のスポーツは従来、小中学校や高校、大学のクラブ活動をベースに学校単位で行うのが中心でしたが、もっと地域社会に開かれた形でスポーツを広げ、選手を地域が育て、各種スポーツイベントも開催しながら発展していくような形が理想ではないかと思います。近年の文部科学省の方針も、学校の部活動を学校の外、地域社会（コミュニティ）に移すことによって、学校の先生の負担を軽減しようと考えています。地方自治体を所管する総務省もそれに応えた対応（地方おこし協力隊の活用）を考えてい

2021年3月、静岡県がW杯を契機に始めた「ラグビー聖地化構想」の施策の一つである、5カ所同時にラグビーができる環境がエコパスタジアムに整った　写真:ラグビーマガジン

るようです。

――実際のモデルケースはありますか？

静岡県袋井市にある小笠山総合運動公園エコパスタジアムをご存じでしょうか？　ラグビーW杯2019で日本代表が強豪アイルランドを破った会場なんですが、W杯を契機に県と地域のラグビー協会が連携して「ラグビー聖地化構想」を進めています。地域のラグビー協会を法人化し、グラウンドも5面に増設するなど、子どもたちの試合から国内リーグまで体系的に対応できる環境を着々と整えています。

――ラグビーの聖地といえば、長い歴史のある岩手県釜石市がありますね。

釜石市は東日本大震災からの復興途上にある中で、W杯の開催自治体として大会を盛り上げていただきましたが、本当に大変なご苦労があったと思います。今後も地元チームのシーウエイブスとともに「ラグビーと鉄と魚の町」をぜひ盛り立ててほしいと期待しています。

――釜石市では台風19号の影響で試合が中止になった中、国内外の選手たちがボランティアで復旧作業に参加していたシーンがとても印象的でした。

ラガーマンたちのそうした姿が映像になって世界中に発信され賞賛されると同時に、復興支援の輪が広がりました。とても素晴らしい現象だったと思います。試合が中止になってしまったカナダvsナミビア戦を、近いタイミングでどうにか実現させたいと希望を持って調整に取り組んでもらっているところでもあります。

――自治体関連では、東京2020大会のホストタウンで予定されていた各国・地域の事前合宿がコロナ禍で軒並みキャンセルされました。この点についてどのような感想をお持ちですか？

ラグビーW杯と同様にオリンピック・パラリンピックを好機に地方自治体が各国・地域と交流を持つというのは非常に意義のあることで、オリンピックムーブメントにおいて欠かせない要素だと思います。ただ、コロナ禍という事情でそれができにくくなってしまったというのは、やむを得ないことでしょう。そうした中にあっても、群馬県太田市がオーストラリアの女子ソフトボールチームを受け入れ、困難な中でも練習や地域交流を実現した様子を見て素晴らしいと感じました。

スポーツを通じた地域活性化を〝ワンチーム〟で

――1964年の東京オリンピック当時、嶋津さんは18歳でいらっしゃいました。青春まっただ中で何か印象に残っていることはありますか？

私は当時、大学1年生でした。実際にスタジアムに行くことはできませんでしたが、10月10日の開会式でブルーインパルスが東京の空に五輪のマークを描いたのは鮮明に覚えていますし、同級生でもありました最終聖火ランナーの坂井義則さんが聖火台を上っていく姿をテレビで見て、とても興奮したことを思い出します。競技もバレーボールをはじめ、ずっとテレビにかじりついて見ていましたよ。

――大学時代はテニス部だったそうですね。スポーツを通じて嶋津さんが得たものや今日に生かされているものは何でしょう？

テニスは中学校で始めて大学までやりましたが、残念ながら最後まで芽が出ずといった感じでしたね。ただ、熱心に続けた経験や蓄積というものは私の体にしっかり残っているんだろうと感じます。例えばいま、ゴルフを毎週のようにできる体力が維持できているのも、その賜物かなと（笑）。そんな実感もあり、子どもや孫たちには勉強ばかりでなく、スポーツも一生懸命やってもらいたいと思っています。わが家は孫も含め、家族で2012年のロンドンオリンピックを見に行きました。

パリ2024大会もまたみんなで見に行きたいねと貯金をしている最中なんですよ。

――それは楽しみですね。ただコロナ禍ということで、オリンピック・パラリンピック開催に対する開催地市民や国民の受け止めも気になるところですね。

やはり人々の不安は大きいですよね。コロナ前であれば、オリンピック・パラリンピックやワールドマスターズゲームズなどの招致決定を機に大会を成功させよう、大会の成功を通じて経済を含めた沈滞ムードをブレイクスルーして行こうという機運が高まっていたことを思うと、コロナ禍では「スポーツイベントと国民の命、どちらが大切か」といった議論が巷にあふれている現状が本当に残念でなりません。コロナ禍にあっても大会は開催できると専門家が判断し、開催が決まったからには、世界のアスリートたちのためにできる限りの環境を整えて、活躍していただきたいと心から願っています。

――スポーツに大変思い入れの深い嶋津さんですが、ラグビーW杯開催のご経験を踏まえ、あらためて自治体との連携で大切なことは何でしょう?

ラグビーW杯2019は各地に点在するスタジアムを生かし、組織委員会とスタジアムのある地元自治体がうまく連携して運営できたというところが大きな特色でした。スポーツに限らず文化にも言えることですが、その地域地域で土台となるインフラを整備し、国際大会などで積極的に活

スポーツを通じた地域の活性化を推進していく嶋津氏

用しつつ、長く守り育てていくという地道な取り組みが大切だろうと思っています。ラグビーW杯2019を主催した自治体を中心に、その他の自治体も巻き込む形でいま、スポーツを通じた地域の活性化を推進する協議会「自治体ワンチーム」という試みも動いているところです。この協議会を中心に大会レガシーを後世に伝え、今後も地域スポーツを支えていきたいと思っています。

［2021年6月10日にインタビュー］

※1…東京2020オリンピック・パラリンピック：世界的な新型コロナウイルス感染症拡大によって、当初予定されていた2020年から2021年に延期された。同大会の開催延期は史上初。オリンピックは7月23日から8月8日。パラリンピックは8月24日から9月5日に開催された。

※2…ワールドマスターズゲームズ2021関西：1985年に第1回カナダ・トロント大会が開催され、関西大会で10回目を迎える生涯スポーツの国際大会。関西大会は、新型コロナウイルス感染症拡大の影響で2027年5月14日から5月30日までに延期。参加年齢は原則として満30歳以上だが競技種目で異なる。

※3…「プランA」：新設する国立競技場の建設が2019年9月の大会開催までに完成し、国立競技場で開会式、および決勝戦を行う。「プランB」：国立競技場の完成が間に合わない事態を想定し、他の会場で開会式、決勝戦を行う。具体的には開会式は東京スタジアム（東京・調布市）、決勝戦は横浜国際競技場（横浜市）で開催する。

※4…ワールドラグビー：6つのリージョナルアソシエーション（地域団体）と132カ国の加盟協会で構成されたラグビーの国際競技連盟。15人制および7人制ラグビーの世界的な運営を統括する。

※5…国内リーグが新たな枠組みで生まれ変わる：2003年から続いた「ジャパンラグビートップリーグ」に代わり、2021年6月に発足した「ジャパンラグビーリーグワン」を指す。

Sport Frontier
Interview

4

地域スポーツの普及と
ガバナンス改革で
スポーツの価値を向上させる

泉 正文

日本スポーツ協会副会長
※元日本水泳連盟副会長

2018年、日本体育協会は名称を「日本スポーツ協会(JSPO)」に変更しました。JSPO副会長の泉正文さんは当時、専務理事として「体育からスポーツ」への改革の先頭に立たれました。東京2020オリンピック・パラリンピックを開催した日本のスポーツ界はいま、未来に向けて変革のときを迎えています。地域スポーツの普及・振興、競技団体のガバナンスなど、スポーツ界が取り組むべき課題を語っていただきました。

(聞き手/文=高樹ミナ)

東京2020大会を終えて

——日本のスポーツを統括する組織のリーダーとして「東京2020オリンピック・パラリンピック」をどのように振り返られますか?

コロナ禍での大会開催を巡っては大変厳しい声を含め、たくさんの方からさまざまな意見がありました。その点は真摯に受け止めなくてはいけないと思っています。ただ、オリンピック、パラリンピックともに無観客という形でしたが開催でき、日本が世界に対する約束を果たせたという意味では、一人のスポーツ人としてやって良かったなと感じています。また、共同通信社のアンケート調査で、オリパラともに「開催して良かった」という回答が6割超に上ったという結果が出て、国民の皆さまの好意的な受け止めにも安堵しました。

――心残りもおありだったのではないですか？

そうですね。世界のトップアスリートたちの競技を子どもたちが生で観戦する機会を得られなかったことや、スポーツ少年団の子どもたちが選手をエスコートして試合会場に入る「エスコートキッズ」のイベントが中止になってしまったのは本当に残念でした。

――異例づくめの大会でしたが、今大会が日本のスポーツの今後にどんな変化をもたらしていくと期待されていますか？

ニュースポーツといわれる、例えばサーフィンなど、オリンピックにはこれまでなかった新しい種目が脚光を浴びました。特にスケートボードで12、13歳というとても若い選手たちがメダル争いを制するなど、世界の大舞台で躍動する姿は非常に大きなインパクトがありましたよね。また今回の大会では特に「共生と調和」という概念、多様な個性を認め合う「D&I（ダイバーシティ&インクルージョン）アクション」が非常に進んだのではないかと実感しています。反面、オリンピック・パラリンピックの当初の目的が薄れたのではないかという疑問や、コロナ禍で「オリンピックだけが特別なのか」といった議論が国民世論を二分してしまう場面もあり、今後目指すべきオリンピック・パラリンピックのありようについて考えさせられるところも多かったですね。

東京２０２０大会のレガシーを一過性にしない

――今大会のレガシーとして、何を残していくことができるとお考えでしょう?

ハードとソフトの双方があると思っています。まずハード面では東京２０２０大会の開催決定を契機に、東京都がスポーツ施設を集積させるスポーツクラスター整備構想を進め、新国立競技場の建設はもちろん、競技施設整備に伴って生じた空地を活用して、私たちスポーツ関係団体の拠点（ジャパン・スポーツ・オリンピック・スクエア）も新たに整備されました。こうした施設をすべて後輩たちに引き継いで志をつないでいってもらうことができるでしょう。

――ソフト面ではいかがでしょう?

先ほども少し触れた「多様性を尊重する」意識が大会を通じて広がったことですね。これを一過性のものとせず、引き続き我々の意識にさらに浸透させていくような取り組みが必要だと思っています。またチケット販売の申し込みで得られたビックデータや大勢の方が登録してくださった大会ボランティアなど、大会を通じて蓄積されたノウハウやマンパワーといったものも最大限活用していくことが大事だと思います。その点もＩＯＣ（国際オリンピック委員会）と相談しながら、私たちが今後の展開を担っていくことになるだろうと思っています。

――多様性といえば、パラリンピックも大きなインパクトを残しました。パラスポーツとの連携についてはどのようにお考えですか？

今大会を機にパラスポーツとの連携の動きは一気に加速していくと思っています。例えば、現状では1週間ほど間隔を空けて開催している国民体育大会と障がい者スポーツ大会を一緒に開催できないかといったご意見もあります。完全な同時開催は施設運用面で課題もあると思いますが、開閉会式で一緒に行進するとか、バトンタッチ的なイベントを企画するなど、東京2020大会の開催が議論のきっかけになったと思っています。

レスリングに夢中だった高校時代

――ところで泉さんは北海道のご出身だそうですね。ご自身はこれまでどんなスポーツとの出合いがありましたか？

北海道ですからウインタースポーツを含め、いろいろやりましたね。冬になるとスキーはもちろんですが、私の子ども時代には学校の先生や保護者たちが協力して校庭に水を撒きスケートリンクを作ってくれたんですよ。もっとも（スポーツが得意だった）私は年に1度の運動会だけが活躍の場でしたから、母がとても喜んで、運動会の練習まで見に来てくれたのを思い出します。中学時代は柔道、高校入学と同時に先輩に誘われてレスリング部に入りました。でも、父の仕事の都合で転校することになってしまって。転校先の高校にはレスリング部がなかったのですが、それまで1年半、真剣にやってきたレスリングをどうしても続けたくて、有志7、8人を集めて同好会をつくって、マットを敷いて練習に打ち込みました。

――そこまで泉さんを夢中にさせたレスリングの魅力はどんなところにあったのでしょうか？

レスリングはご存じのようにかなりハードなスポーツで、もうこれが限界かなと思う場面がたくさんあるんです。例えばわかりやすいところでいうと、トレーニング中の腕立てひとつにしても300回が自分の限界だと思っていたものが、チームメイトと一緒に鍛錬を続けていくうちに350回になり、やがて400回を超えられるようになってくる。仲間と支え合いながら、自分の限界を超えていく体験というんでしょうか。どんなスポーツにも言えることですが、私の場合はレスリングとの出合いでそうした精神面での学びを得られたことが大きかったと思っています。

――泉さんといえば日本水泳連盟でのご経験が長い印象ですが、水泳とのご縁についても教えていただけますか？

私自身、水泳選手としての経験はありません。大学卒業後、保険会社で働いていた私のもとに大学時代の同級生から連絡があり、スイミングスクールを立ち上げるので一度見に来ないかと誘われまして。当時は昭和50年代で、スイミングスクールがあちこちに急速に増えてきていたタイミング。一方でスポーツでお金儲けをしちゃいけないといった風潮も根強くあり、私自身もその誘いを3年ほど断り続けていたんです。でも、いざ見に行ってみると、子どもたちがプールサイドにずらりと並んで座り、嬉々として泳いでいる光景に圧倒されましてね。これはすごいなと。それがきっかけでスイミングスクール運営会社に転職しました。

――意外です。てっきり水泳をされていたのかと思いました。

その職場に1968年メキシコオリンピックで水球日本代表チームの監督をされた菅原平さんがいらして、日本水泳連盟で指導者を養成する仕事を手伝わないかと誘っていただいたのが、連盟に携わることになった最初のきっかけです。当初、連盟の仕事は月1回のお手伝いだったはずが、いつの間にか週1回、やがて毎日の勤務になって（笑）。私はどちらかというとバックヤードで規定を作ったり、組織化やスポンサー獲得のための制度作りなどを手がけてきました。理事の大部分は水泳出身ですが、日本水泳連盟というのは懐が深いところで、私は水泳選手の経験もなく理事になりました。もしかしたら私一人かもしれないですね。

代表選考基準の明確化で加速した水泳界の改革

――水泳界はタレントぞろいで、東京2020オリンピックでも大橋悠依選手が金メダルを獲得しニューヒロインとなりました。しかし、少しさかのぼると選手強化やガバナンスの面で厳しい時代がありましたね。

日本水泳界は20年に1度しかメダルを取れなかった時代が続き、1988年ソウルオリンピックで鈴木大地・日本水泳連盟会長が金メダルを獲得したあたりから、全体として競技力が少しずつ上向き始めました。2000年のシドニーオリンピックに際しては不透明な代表選考のあり方に選手自らが疑義を訴え、CAS（スポーツ仲裁裁判所）に提訴される事態にまで発展しました。

——千葉すずさんの事例（※1）ですね。

はい。これを契機に連盟として新たに選考基準を取り決め、大会の1年以上前に標準タイムを公表し、選考会本番のタイム順に自動選考するという非常に明確なシステムにしました。厳しい標準タイムだったので、誰も切れなかったらどうするのかという不安もありましたが、やはり高い目標設定というのは本当に大事で、1年後には力をつけた選手たちの中からそこそこクリアする選手が出てきたんです。反面、日本代表はタイムが速ければそれでいいのかという問題もあります。実際、トップ選手による不祥事などもありましたからね。ただ早い段階で提示する標準タイムが選手の目標を明確にし、結果として競技力向上につながっていきました。そして何より選考基準の透明化が競技団体の信頼にも関わる重大なことだと痛感させられた経験でした。

——水泳界はなぜ変われたのでしょう？

非常に印象に残っているのが、スタートのルール改定です。以前は故意にフライングをする選

水泳界はガバナンスの面で厳しい時代を経て選手強化が進んでいった。写真中央は東京オリンピックで2つの金を獲得した大橋悠依選手　写真：Getty Images

手がいて、他の選手への影響はもちろん、大会運営やテレビ中継などもタイムスケジュールの見通しが狂ってしまい、関係者が相当苦慮していました。そこで1回スタートに改めたわけです。一度フライングしてしまうとそれでもう失格になってしまうわけで、最初は絶対に不可能だと思っていました。水泳のスタート台は少し前に傾いていますし、子どもたちはそう簡単に止まれないと。案の定、最初の頃は止まっていられず水に落ちてしまうジュニア選手もいました。しかし、今では皆ピタッと静止し、子どもたちでもフライングすることなく、きれいにスタートを切っています。

――何か特別な取り組みがあったのでしょうか？

指導者の努力が当然あったと思いますが、やはり人間の生まれ持った対応力、適応能力の高さを感じずにはいられません。こうしたさまざまな改革を巡って、幸い日本水泳連盟では反対意見が出て対立するようなこともなく、各理事や関係者の皆さんの常識的な感覚に支えられて今日まで進めてくることができました。

三者融合で進める地域スポーツの普及

――日本体育協会から「公益財団法人日本スポーツ協会」（ＪＳＰＯ）への名称変更の経緯についてもお聞かせいただけますか？

日本体育協会の前身である「大日本体育協会」ができたのは１９１１年で、今から１１０年前にさかのぼります。そこから１９６４年の東京オリンピックあたりまでは、体育の中の一部分としてスポーツがあるという位置づけでした。それが時代とともに徐々にスポーツの幅が広がって、近年は特に教育としての意味合いの強い体育という概念の中に収まりきらなくなってきている実情がありました。折しも文部科学省が体育とスポーツそれぞれの概念（※２）について明確に示したこともあり、この機会に国民の皆さんが理解しやすい名称に変え、次世代に引き継いでいくべきではないかという考えに至り、名称変更に向けて本格的に動き始めたのです。アンケートでは早い段階から賛成意見が優勢でスムーズに運ぶと思っていたのですが、いざ変えるとなるとさまざまな課題も見つかり、２０１８年4月に新たな名称でスタートするまで約3年の月日を要しました。

――地域スポーツの普及は大きな課題ですね。

日本スポーツ協会では行き過ぎた勝利至上主義を是正する取り組みを進めている（写真はイメージ）　写真：Getty Images

ご存じの方もいらっしゃると思いますが、令和5年度から学校の休日の部活動を段階的に地域に移行する方針が決まっています。つまりこれまで学校の先生にすべておんぶに抱っこだった部活動の一部を、地域の人材中心に担っていくことになります。また学校の部活動にとどまらず、子どもたちの運動の機会を減らさないためにどうすべきかというのが今後の喫緊の課題です。

――地域や団体間で温度差もあるかと思いますが、どのようなプランをお持ちですか？

我々日本スポーツ協会としてはまず、「総合型地域スポーツクラブ」と全国に2万8000ある「スポーツ少年団」が核となり中学校「部活動」の受け皿となって、地域スポーツのあり方を根本的に変えていこうと考えています。その過程で施設や指導者の不足をどう補っていくか、活動中の怪我や事故を想定した保険や責任の所在などの安全面をどのように担保していくのが良いか、そうした土台をしっかり整えていく必要があると思っています。

――競技団体の協力も不可欠ですが、現状はいかがですか？

これはもうやらざるを得ない局面に来ていると、各々感じてくださっているようです。最近は子どもたちもスイミングスクールや体操など月謝を払い習い事としてスポーツに取り組むスタイルが定着していて、経済的に余裕のある家庭のお子さんであればその形で問題ないでしょうが、全員がそうではありませんからね。すべての子どもたちが平等にスポーツに取り組める環境を整え、さまざまな可能性を育んでいくためにも、我々日本スポーツ協会を中心に行政、競技団体が一体となって仕組みを整えていく必要があるだろうと思っています。

相談窓口やＳＮＳで指導者の暴力事案が明るみに

――青少年のスポーツには強豪校などでの「行き過ぎた勝利至上主義」といった弊害も懸念されています。

指導者によるパワハラ、暴言暴力といった問題は近年非常に大きくクローズアップされてきて、何よりも選手の心身を守っていくことを最優先に考えた対策を進めなくてはいけないと思っています。昔はわが子にもっと強くなってほしいという思いから、親御さんが指導者の行き過ぎた指導を許容する風潮があったことも事実ですが、指導者の暴力や暴言によって子どもたちのパフォーマンスが上がるなんていうことは絶対にありませんからね。

――改善に向け日本スポーツ協会はどんな取り組みをしていますか？

日本スポーツ協会の中に暴力相談窓口を設置していて、選手や競技関係者から相談を受け付けたり、加盟団体と連携して解決の道筋をつけるといったことをやっています。私どもの顧問弁護士の調べによると、暴力や金銭的問題を含めたスポーツ界全体の不祥事が新聞紙面に掲載された件数は２００８年が１２６件だったのに対して、10年後の２０１８年には５５５件と実に44倍に増えています。これは一見暴力の件数が増えたように思われるかもしれませんがそうではなく、子どもたちも保護者も我慢せずに声を上げるようになってきたことで、以前ならば明るみに出ることのなかった暴力事案が次々とあぶり出されてきた結果と言えるでしょう。

――まずは実態が表面化したことは大きな前進ですね。

ＳＮＳの普及によって子どもたち自身が声を上げやすくなりましたし、権利意識の高まりといった社会の変化も追い風になっていると思います。ただそうはいっても、相変わらずこの種の不祥事、暴力事件はなくなってはいません。暴力をなくしていく取り組みは今後も手を緩めず、まだまだしっかりやっていかないといけない課題の一つです。

スポーツは社会課題解決の糸口になり得る

──泉さんは2020年から2021年をスポーツ団体の「ガバナンス改革元年」と位置づけられておられましたね。

スポーツの価値を傷つけるおそれのある不祥事の発生抑止、そしてスポーツの価値の一層の向上を目指すために、スポーツ団体の適切な組織運営規範となる「スポーツ団体ガバナンスコード」を、2018年にスポーツ庁等のご尽力で策定していただきました。ガバナンスコードをもとに、我々日本スポーツ協会と日本オリンピック委員会（JOC）、日本パラスポーツ協会（JPSA）の統括3団体による適合性審査が2020年にようやくスタートし、各競技団体の運営状況に対するチェック体制が整ったところです。透明性の高い組織運営を促していくことでスポーツ団体の足元をあらためて見直し、スポーツの価値のより一層の向上につなげていきます。

──依然コロナ禍も続いていますが、日本スポーツ協会としてスポーツの未来をどう描き、どんなアクションを起こしていきたいとお考えでしょうか？

少子高齢化や障がい者との共生といった社会課題がある中で、スポーツでそのすべてが解決できるとは思っていませんが、スポーツがそれら課題解決の糸口になる可能性も十分にあり得ると思っています。そのために具体的に何ができるのかを考え実行していくのが我々のような組織の役割で

スポーツ団体はスポーツを通じて社会課題を解決する視点を持つ必要があると語る泉正文氏

す。スポーツを通じた社会課題の解決といった視点を持ちつつ、行政と地域、加盟団体をつなぐ橋渡し役として時代に合ったスポーツのあり方やその可能性を探っていきたいと思います。

［2021年10月17日にインタビュー］

※1…日本水泳連盟が代表選考の一基準としていた国際水泳連盟（FINA）指定のオリンピックA標準2分0秒54を代表選考会を兼ねた日本選手権でクリアし優勝したにもかかわらず、代表落ちしたことに異議を訴えた。この訴えに日本水泳連盟側も応じ、以降、各種競技団体で選考基準の明確化が進んでいった。

※2…スポーツは自発的な運動の楽しみを基調とする文化で、体育はスポーツを用いた教育的営みを指す。

スポーツを通して生み出される価値を地域の活性化につなげる

2023年3月、プロ野球公式戦開幕に合わせて北海道北広島市に開場した北海道日本ハムファイターズの新本拠地スタジアム「エスコンフィールドHOKKAIDO（エスコンF）」、エスコンFを中核とした「北海道ボールパークFビレッジ（Fビレッジ）」が話題を集める。直前に野球の世界一を決める国・地域別対抗戦ワールド・ベースボール・クラシック（WBC）でエンゼルスの大谷翔平やパドレスのダルビッシュ有らを擁した日本が決勝戦で米国を破って優勝。「にわか野球ファン」が生まれるほど盛り上がった余韻も手伝い、「野球だけじゃない」というコンセプトに基づいた仕掛けが大きな関心を呼び込んだ。

日本初の開閉式屋根つき天然芝の野球場はスタンドとグラウンドとの距離が近い。世界最大級の大型ビジョン、柱のない空間は「みる」側の視点に立つ。飲食店街やキッズエリア、温泉やビール醸造所まで設けられ、VIP席は商談、接待にも使える仕様。スポーツ観戦のビジネス化が大きく前進した。外には北海道らしい農園エリアに認定こども園、ドッグランやアスレチックにマンションや貸し別荘などが点在。やがてJR北海道の新駅が新設され、スタジアムを核とした「新しいまち」が生まれる。北海道銀行の道銀地域総合研究所は北広島市における開業初年度の経済波及効果を約210億円と算出、地域の発展に期待を寄せる。

「日本再興戦略2016」でスポーツ産業振興が政府指針となり、地域活性化の中核としてのスタジアム・アリーナ改革が柱となった。エスコンF、Fビレッジはモデル1号である。

田川博己さんはそれ以前、JTB社長就任当時からスポーツ観戦のビジネス化に知恵を巡らせてきた。米国赴任体験から日本との落差に驚くとともにスポーツを通して生み出される価値としての「感動経験への遡及」「ソーシャルネットワーク」「言葉を超えたグローバリゼーション」に着目。「みる」スポーツ環境の整備や「人を楽しませるプロダクト」の開発、「地域資源」の活用など「スポーツホスピタリティ」の充実が不可欠だと語る。

実験的な場となったのが2019年ラグビーワールドカップ(RWC2019)日本大会。1席11万5000円から企業向け20人4000万円までのホスピタリティシートを延べ6万3000人に販売し、売上げ約100億円は総額の25%を占めた。競技会場および近隣のホテル等を活用して各種サービスを提供、日本における潜在需要を掘り起こした。

RWC2019は日本代表の活躍、運営の巧みさに加え、組織委員会事務総長を務めた嶋津昭さんの地方自治の経験を生かした各地自治体との連携が奏効、「最も偉大なワールドカップ」と評価された。全国11会場で170万4443人が観戦、剰余金68億円。ラグビーの地平を広げたRWC2019からの発信に、新型コロナウイルス感染蔓延が待ったをかけたことはスポーツのビジネス化、地域活性化にとっては残念なことであった。

地域活性化にスポーツは大きな鍵を握る。今年から実験が始まった運動部活動の地域移行はどうなるのか、希薄になった地方のコミュニケーション復活、地方創生にスポーツはなにができるか。地方組織を傘下に持つ日本スポーツ協会(JSPO)副会長の泉正文さんは戦略を練る。北の大地のスタジアム改革が起こす化学変化とともに成果に注目していきたい。

(副編集長・佐野慎輔)

3章

スポーツの心、スポーツの価値

Sport Frontier
Interview

5

競技としての柔道、教育としての柔道

上村春樹

講道館館長
※元JOC強化本部長、元全日本柔道連盟会長、オリンピック柔道金メダリスト

嘉納治五郎が創始した柔道はいまや世界各国・地域に普及する国際スポーツとなっています。その総本山、講道館館長の上村春樹さんは1976年モントリオールオリンピック金メダリストとしても知られています。ご自身の柔道家としての歩み、全日本柔道連盟会長や国際柔道連盟理事など要職を務められた経験を踏まえ、これからの日本柔道の課題、講道館が取り組む柔道文化、嘉納の説いた柔道精神の世界的な広がりについて伺いました。

（聞き手／文＝高樹ミナ）

子どもの頃は運動が苦手。父の勧めで柔道と出合う

――2021年夏に開かれた東京2020オリンピックの柔道はベテランも若手も大活躍でしたね。

過去最高となる9個の金メダルを取ってくれました。それまではアテネの8個が最高でした。選手たちの頑張りはもちろん、男子の井上康生監督も女子の増地克之監督もコーチやスタッフを本当によく取りまとめてくれたと思います。

――上村さんは選手村村長代行をお務めでした。コロナ禍とあって、いつもの選手村とは様子が違ったと思いますが、印象的な光景やエピソードはありますか？

私は過去11回オリンピックに参加していまして、そのうち8回は選手村に入りました。いつもだったら皆が交流を深める場所なんですが、今回それができなかったのが残念です。ですが誰もが状況を理解し、大会をきちんと開催できるよう心がけてくれました。それが一番大きかったんじゃないかな。コロナ禍で非常に制約が多く、観客も会場に入れないという中でテレビを通じて試合を見たという方がほとんどだと思いますけど、選手たちの雄姿は大人にも子どもにも強く心に残ったのではないかと信じています。

――上村さんが柔道を始めたきっかけは何だったのですか？

実は小さい頃、運動が全く苦手だったんです。世の中で一番嫌いなのは運動会でした。特に走るのが遅くて鉄棒の懸垂もできなくて、もう本当に何もできなかった。今でいう超肥満児だったこともあったと思います。それで父が何か運動をさせなきゃいけないと考えて、たまたま父の同級生だった小学校の教頭先生に相談したら、「体が大きいなら柔道をやらせたらどうだ」と勧められたらしいです。

柔道がどんなものか、よく知りませんでしたが、『姿三四郎』は人気で知っていましたから、とりあえず柔道衣を買ってもらって習いに行きました。でも、全く面白くない。何しろ2カ月間、毎日受身ばかりでしたからね。ところが2カ月経ったある日、中学生と組ませてもらったところ見事に投げられました。その頃の私は小学生にして体重が80キロぐらいあって、相手は私よりも体格が小さかったのに。このときの負けた悔しさというのが毎日道場に通うきっかけになりました。

高校時代の師の指導と名門・明治大学入りが転期に

――柔道を始めて1年程度で地域の大会で優勝されたそうですね。

小学6年生のとき、地元熊本の郡部の大会で個人戦があって優勝しました。参加した小学生のほとんどが私の半分以下の体重だったものですから、全部抑え込んで勝ったんです。そうしたら次の日、小学校の全体集会で校長先生が賞状と盾を披露してくれましてね。「これはいかん」とちょっぴり反省しましたね。だって、それまで勉強もしないで、夏休みの宿題なんかは近所の川に捨てていたような少年だったんですよ。「これは勉強も少しくらいしないといけないな」という気持ちに初めてなりました。

体がどんどん大きくなって中学3年時には身長1m58cm、体重100キロありました。懸垂は1回目もできず、100m走も20秒フラット。担任が体育の先生だったんですけど、今でも会うと「おまえの記録、まだ破られんぞ」と言われます。体だけ大きくて、私にはスポーツで大事とされている「スピードと力」が無かったんですね。それに私は県大会にも出られないような選手でした。普通、オリンピックチャンピオンになるといったら中学生のときから強くて、高校ではインターハイに出るという選手が多いんですけど、私には両方とも経験がありません。だから恩師には「よくオリンピック選手になったな」と驚かれました。

――転期はいつだったのでしょう？

高校に入って本物の柔道と出合ってからです。指導を受けたのが目に障がいのある先生で、すべてを音で判断するんです。例えば打ち込みで人に当たる音とか足をさばく音、投げたときの受身の音を聞き分けて「音が悪い」と指摘されるし、良いときは「今、投げたの誰だ？　それを忘れるな。今のイメージで練習しろ」と言うんですね。ちなみに良い音とは、ちょうど濡れ雑巾を畳にバシッと叩きつけたような音。それが柔道の投技で一番いい音だと教わりました。インターハイには出られなかったんですが、福井国体に熊本県の団体戦代表として出場し、5試合で5人全員に一本勝ちしたんです。それをたまたま明治大学の監督でいらした神永昭夫（※1）先生がご覧になっていて声をかけられました。神永先生といえば柔道界の神様みたいな存在ですから、その人が私みたいな無名の選手に柔道の名門校の「明治大学に来い」と誘ってくださってうれしかったですよ。もちろん「はい」と返事をしましたが、明治大学がどこにあるのかは知りませんでした（笑）。

――実際、明治大学柔道部に入られていかがでしたか？

大学1年生のときの東京学生体重別選手権大会は忘れられません。今はこうして講道館の館長になっていますけど、私が初めて講道館に来たのはその大会でした。柔道をやっている者なら誰もが憧れる講道館で試合ができるなんてうれしかったですよ。緊張しながらも「よし、悪くても予選通過、あわよくば入賞を」と意気込んで1回戦に臨み、自分が一本背負投をしかけて「投げた！」と思ったら、そのまま気絶してしまいました。気づいたら審判が「負けましたよ」って。一瞬の出来事でした。それが初めての講道館との出合いです。それが将来、館長になるんだから、世の中って面白いと思いませんか？

本気に火をつけた柔道の神様の一言

――全国レベルの洗礼を浴びた感じですね。

柔道をやめようと思いました。熊本の田舎から出てきて「望みが高すぎた。もう熊本に帰ろう」って。でも、そのとき神永先生の一言で覚醒するんです。タオルをかぶって廊下に座り込み悔し涙に濡れていたら、「春樹、人並みにやっていたら人並みにしかならんぞ。まして素質のない者は人の2倍、3倍練習しなきゃ、チャンピオンになれないんだ」と言われました。その一言で「よし、やろう」という気になったんです。もし、あのときベスト8ぐらいで予選をクリアしていたら、同じ言葉を聞いたとしても耳を素通りしたでしょうね。

――そこから一念発起されたのですね。

はい。ただ「人の2倍、3倍やれ」って私もよく言いそうになりますけど、実際はできませんよ。何しろ明治大学の練習は3時間と朝1時間のトレーニングがありますから、これを2倍や3倍にしたら大変なことになります。そこで私が考えたのは人より1日20分多く練習をやろうと。たった20

分と思われるかもしれませんが、1年間、毎日やると120時間になるんです。もともとの練習が1日3時間ですから、120時間＝40日分に相当するんですね。40日というのは、だいたい練習が休みの日数に相当します。それをカバーできるという計算で必ず20分多く練習しました。

――継続は簡単じゃないと思いますが……。

1年時は雑用や当番があってできないこともあるので、そういう場合は寮へ帰って、あるいは学校へ行く前にやると決めて実行しました。絶対にそれだけは守ろうと。練習も妥協しないでやろうと。ただやっぱり強い人が相手だと、つい気後れして諦めてしまい投げられるケースがあります。それでも私は向かっていったんです。そうしたら1年後、「ザ・ガードマン」というあだ名がつきました。攻めはそれほどでもないけど守りは強いという意味です。たくさん投げられて練習したおかげで、私はついに投げられない選手というので有名になりました。それでも、ようやくレギュラーになれたのは4年生になってからでしたけど、全日本選手権で学生チャンピオンになりました。それまで3年間の下積みがあったからこそ、パッと開花できたのだと思います。

オリンピック金メダルに導いた「逆転の発想」

――上村さんは一見、とても体が大きく見えますが、実は身長1m74㎝なんですよね。柔道家としては決して体格的に恵まれていたわけではなかったと思います。

私は重量無差別（※2）の選手としては一番チビでした。一番大きい選手は身長2m20㎝くらいあって、彼と組むと相手のヘソが私の目線のあたりにありましたね。それだけの体格差でなぜ勝てるようになったかといえば、ある一冊の本がそれを可能にしてくれたんです。大学卒業後、昭和48年（1973年）に入社した旭化成で1年目に全日本選手権で優勝したのですが、翌年は負けてしまって自分の柔道に悩んでいました。そんなとき上司からいただいたのが糸川英夫先生の『逆転の発想』という本でした。〝ロケット開発の父〟と呼ばれる工学者の糸川先生です。

「逆転の発想」という言葉自体にものすごく感動して、「自分の武器って何だ？」「今までやってきたことは本当に正しかったのか」と自問自答し、常識や慣例を疑ってみようと思いました。そして行き着いたのが、体が小さいことはハンディではなく武器にできないかということ。まさに逆転の発想でした。トレーニングも坂道ダッシュといえば上り坂ダッシュでしたけど、それを下り坂ダッシュに変えました。当時、旭化成ではマラソンの宗茂・猛の宗兄弟が活躍していまして、私の横を走り抜けながら「何やってるんですか？」と不思議がられましたよね。でも、下り坂ダッシュって、やってみるとものすごく難しいんです。まず重心を巧みに移動させないと転んでしまうので、足をつく位置を予測しないと全力で走れないんです。実はこのときの体さばきが柔道の受けや攻撃の極意につながってくるんです。

――画期的な気づきですね。

我流のイメージトレーニングを取り入れたのもこの頃です。今やスポーツの世界でイメージトレーニングはポピュラーですが、私たちの時代はそういう言葉さえもなくて、私は架空の相手を頭の中で作って、自分が攻撃して相手に反撃させて、それをどう防ぐかというのをしょっちゅうイメージし練習の場で実践しました。それというのは練習環境が十分に整っていなかったからだと思うんですよね。そういう工夫のヒントをくれたのも『逆転の発想』でした。

――それらの工夫が実って世界選手権やオリンピックで頂点に駆け上がりました。どんな景色が見えましたか？

よく聞かれますが、ホッとしたというのが正直なところでした。とりわけ1976年モントリオールオリンピックで優勝した瞬間は「あぁ、これで日本に帰れる」と思いましたね。オリンピックの柔道無差別は1964年東京でアントン・ヘーシンク、1972年ミュンヘンでウィレム・ルスカからオランダ勢に金メダルを取られていましたから。私は体が小さくて欧州勢より力は弱かったかもしれませんが、勝負というのは力が弱いから負けるのではなくて、いかに弱点を隠すか。よく冗談で言いますけど、勝負は負けなきゃ勝つんだよということです。

世界に広がる柔道文化と嘉納治五郎の教え

――数々のご経験は指導者になってからも生かされ、日本のナショナルチームを長きにわたり牽引

されました。ちょうどその頃、フランスやブラジルといった国々の選手強化が進み、日本はなかなか勝てない時代もありました。

世界に柔道が広まって70～80年が経った時期でした。さまざまな国が自国に伝わる格闘技を柔道に取り入れ、自分たちの体格に合った独自の柔道を確立し始めた頃なんです。危機感を覚えた私は前例のなかった海外での合宿をやりたいと全日本柔道連盟に申し出ました。でも「海外に柔道を習いに行くのか」と言われまして、私は「いえ違います。習いに行くのではなく慣れに行くのです」と主張し、やっと許可してもらったのを覚えてます。

――他にも新たな取り組みはありましたか？

私は1988年ソウルオリンピックと1992年バルセロナオリンピックで監督をやりましたけど、ソウルオリンピックでは1個しか金メダルを取れず、「今までのやり方で本当に勝てるんだろうか？　もっとそれぞれの分野の専門家の力を借りたほうがいいんじゃないか」と思い立ちました。今でこそ医・科学と情報面からアスリートをバックアップする「マルチサポート事業」が進んでいますけど、ドクターやトレーナー、科学的分析班、情報戦略班などで構成されるマルチサポートはソウルオリンピック後に柔道で始めたのです。柔道は日本のスポーツ界でも早い時期からそういうものを取り入れて、選手のサポート体制をつくり上げてきました。

2015年に国際柔道連盟の殿堂入りを果たした上村春樹氏（写真右）　写真：Getty Images

――そして2008年北京、2012年ロンドンでは選手団団長と日本柔道代表チームの総監督を務め、2009年に全日本柔道連盟会長に就任。第5代講道館館長にもなられました。講道館の館長は代々、嘉納治五郎師範の嘉納家が継いでこられましたが、上村さんは嘉納家以外で初の館長ということで大変話題になりました。その意味合いというのはどういったものなんでしょう？

実はお話をいただいてから2年間、ずっとお断りしていたんです。自分は選手強化しかやったことがないのに講道館の館長なんて、とても無理ですと。ところが2年間、断り続けていたら、もう他に引き受ける人がいないと言われまして。ならば自分には「柔道を国内外に正しく伝えていくこと、後世に柔道を正しく伝え継いでいくこと」、それしかできませんよとお伝えし、それで十分だということでお引き受けした次第です。

――柔道を「正しく伝える」というのはどういうことでしょうか？

柔道には競技としての柔道もありますが、嘉納師範が目指されたのは己の完成を目指すこと。それは世の中のためになる人間であれということで、「精力善用」「自他共栄」の理念に表れています。心身の力を最も有効に使用する。それは善でなければならないと。さらに続きがありますね。自分だけが勝つのではなくて、互いにウィン・ウィンの関係になりなさいと。遺訓にも「柔道は心身の力を最も有効に使用する道である。その修業は攻撃防禦の練習に由って、身体精神を鍛錬修養し、斯道の神髄を體得する事である。さうして是に由って己を完成し世を補益するが、柔道修行の究竟の目的である」と嘉納師範は遺されています。これは柔道の修行を通じて人格形成を図り、世の中のためになる人間になりなさいという教えです。

過ちを教訓に進むガバナンス構築、ジェンダー平等

――講道館と国際柔道連盟が2019年から取り組まれている「子どもの形（かた）」は大変興味深いプロジェクトですね。

講道館には「投の形」「固の形」など7つの「形」があるんですが、海外で子どもたちに礼法や座り方、受け身など教えるために形を作れないかという相談を国際柔道連盟から受けたのがきっかけで始まった取り組みです。日本の習慣や柔道の素地がない子どもたちにも容易に教えられるよう、システム的にしてほしいという要望でした。フランスでも子どもたちの柔道指導は熱心ですからね。

ちなみに一番最初の形は「草履のそろえ方」だったんですよ。

――草履、ですか？　柔道で草履は使いませんが。

なぜならば道場に入ったらまず靴を脱ぐでしょう？　靴をそろえて隅に置き、それから畳に上がる。日本人は子どもの頃から「靴を脱いだらそろえて隅に置きなさい」と教わりますけど、フランス人は違いますから「なぜ隅に置くんだ？」と不思議がります。それは次に来る人の邪魔にならないようにという配慮からですよね。柔道では道場に一礼して上がります。礼から始まるのだったら、その前から道場に敬意を払いなさいという意味で草履のそろえ方を形に含んで世界の子どもたちに伝えています。

――さまざまなアプローチで海外に柔道が広まっているのですね。

柔道は日本で始まった運動文化ですが、今では柔道が世界の文化だと私は言っているんです。だから講道館は日本だけでなく世界にいろいろな発信をしていかなければならないし、それを多くの人たちに正しく理解してほしいと願っています。もちろん競技としての柔道もあり細かくルールが設けられていて、そちらも非常に重要です。

――スポーツ界にはインテグリティやガバナンスといった課題があります。上村さんが全日本柔道

連盟の会長だった2013年には女性選手への暴力や助成金の不正受給といった一連の不祥事がありました。その後、柔道界をあげて改善に取り組んでこられましたが、現在はどのような状況にあるとご覧になっていますか？

まず暴力はいけない。「叱る」のと「怒る」のとの違いを指導者は皆、わきまえなければなりません。叱るのは教育的要素を持っていますけど、怒るというのは感情をあらわにすることです。指導者は子どもたちに伝える技を磨いて、伝わる言葉を使って指導しなきゃいけないと思っています。不祥事に関しても、やっちゃいけないことはやっちゃいけない。当時、私も渦中にいて、「スポーツとは何か？」「スポーツマンシップとは何か？」「柔道精神とは何だろう？」と原点に立ち返り考えました。過去、組織の中には「いいじゃないか」というような雰囲気が確かにありましたけれども、もう絶対に許しちゃいけません。

――ジェンダー平等もスポーツ界のみならず社会全体の課題です。柔道界では頼もしい女性柔道家がたくさん育っていますね。世界でも活躍するリーダーを送り出したいですね。

山口香さんや谷本歩実さんら発信力のある女性たちがおります。女性、男性を問わず力があればどんどん前に出ていってほしい。もともと日本で女性の柔道の試合が始まったのは昭和50年代ですが、ヨーロッパより遅いぐらいなんです。

そういう面で柔道界には女性のリーダーが少ないですよね。でも、これからどんどん出てくるのではないでしょうか。女性のリーダーを育てるためにはある程度、枠を設けることも必要だと思います。女性の指導者も大事ですよね。男性に比べて細やかな指導というのも女性の特性ですから、そういった部分を生かしていただきたいなと思います。

正しい指導法を伝えるため指導者の養成に注力

――国内の普及について伺います。学校教育や部活動で柔道は危険だという声もあり、講道館は脳震盪などの事故防止にも精力的に取り組まれていますね。

そもそも柔道というのは身を守る受身から始まります。他の競技ではだいたい、攻撃と防御を教えることが多いのですが、嘉納師範が目指したのはまず自分の体を守ることでした。そういう考えがベースにありますから、本来、怪我をしないことが大前提です。私たちは〝命綱〟と呼んでいますが、投げたときに引き手を離さずに支えるようにちょっと相手の体を上げてやると頭を打ちません。そういった正しい指導法をきちんと伝え、柔道を安心で安全なスポーツとして普及していくことが講道館の役目だと自負しています。

――強化と普及が両輪で進む中、2年後にはパリオリンピックが迫っています。東京2020大会に次ぐ日本柔道の活躍が楽しみですけれども、上村さんがお考えになる柔道界全体の展望をお聞かせください。

競技としての柔道にはものすごく人を引きつける力があります。やはりオリンピックで選手が活躍してくれると子どもたちの道場入門の希望が増えますから、競技としての柔道は非常にエキサイティングで、観ていて楽しいものにしていく。その一方で教育としての柔道は礼儀作法とか、自分の身をちょっとした怪我から守る技術とか、そういうものもきちんとやっていきたい。それには指導者を育てることが大事ですから、指導者の養成に力を入れていきたいです。誰かが言いましたよね。「学ぶことをやめたら教えることをやめなければならない」と。まさにその通りだと思います。やはり勉強することが指導の大前提にあって、常日頃から「なぜ」という疑問を持ち、怪我をする理由や失敗する理由を突き詰めて考える必要があります。試合も同じですよね。勝ちにはラッキーがありますけど、負けにアンラッキーはありません。負けには必ず理由があるんです。その理由を潰していくことが大事だと思っています。

［2022年3月1日にインタビュー］

※1…神永昭夫：全日本柔道選手権大会3回制覇。夏季オリンピックで柔道が正式競技に採用された1964年東京大会で無差別に出場したが、決勝でオランダのアントン・ヘーシンクに敗れ銀メダルとなった。

※2…無差別：体重無制限の無差別での試合は1988年ソウルオリンピックで廃止された。

Sport Frontier Interview

6

変わりゆくサッカー界を牽引する

田嶋幸三

日本サッカー協会会長
※FIFA理事、元JOC理事

日本サッカー協会会長の田嶋幸三さんは、国際サッカー連盟（ＦＩＦＡ）カウンシルメンバーも務められています。インタビューは２０２２年ＦＩＦＡワールドカップ・カタール大会前。日本と世界のサッカー界の現状、これから進むべき未来について組織を運営される立場からのお話は大きな意味があります。自身もサッカー日本代表選手、監督を務められ、競技引退後はドイツのケルン・スポーツ大学、筑波大学大学院で学ばれた経験も踏まえ、日本のスポーツ界はどうあるべきかについてもお話しいただきました。

（聞き手／文＝飯塚さき）

変革期を迎えたサッカーＷ杯に期待するもの

――11月開幕のＦＩＦＡ（国際サッカー連盟）Ｗ杯への思いを聞かせてください。

今回非常に苦しみましたが、森保一監督と選手たちが最後までしっかりぶれることなく、自分たちの手で切符をもぎ取ってくれました。これはサッカー界全体に影響することですし、プレッシャーの中でしっかり戦ってくれて、本当に感謝しています。

間違いなく、アジアでベスト４に入る力があります。ただ、最終予選となると簡単にはいきません。いくら日本が３位でオマーンが１００位くらいだとしても、試合の結果は誰にもわからないのがサッカーの怖さだと思います。実際、あのイタリアでさえも２大会連続でＷ杯に行けなかったわけですから、我々も最後まで緊張感を持って戦いました。

W杯に関しては、この3年間、ターゲットを絞ってやってきました。2018年にロシアW杯があり、翌年にはCONMEBOLコパアメリカ（ブラジル）に招待チームとして出場できたこと、そして、U－20の選手権と重なった久保建英をトップに入れたこと。オリンピックは23歳以下（東京2020大会は24歳以下）ですが、森保氏を監督に据えて、オーバーエイジで遠藤航、吉田麻也、酒井宏樹といった選手たちを入れたこと。すべてはカタールのW杯のためだったので、そういう意味では予選を突破できてホッとしています。

――FIFAはW杯を変革しようとしており、隔年開催も検討されました。

メリットとデメリットがありますが、私たちは反対の立場をとっています。4年に一度、間にオリンピックがあるサイクルは、世界のスポーツにおいて決して悪いことではなく、隔年になると2大会に一度は必ずオリンピックとバッティングします。すると、日本におけるオリンピックの価値や、選手の試合頻度にも影響しますので、我々は今のままがよいと考えています。2年に1回にすることで、大会の価値を下げてしまうことも懸念としてありました。オリンピックはU－23の選手が対象（オーバーエイジ枠あり）となりますが、両方とも出る選手も考えられます。タイトルを懸けた世界大会は、身体への負荷がものすごく強いんです。東京オリンピックで6試合出た選手は疲弊して、その2週間後に行ったW杯予選のオマーン戦は、かなり厳しい試合になりました。選手の健康や精神的なストレスを軽減するためにも、4年に一度のほうが、W杯の価値も高まりますし、選手が全力を出せていいと思いました。

――次の大会から出場チーム数も増えますね。

アメリカとカナダ、メキシコで行われる共同開催のW杯では、出場チーム数が32チームから48チームに増えます。大会形式も、今は4チームによるグループステージ（リーグ戦）を行って、各グループの上位2チームが進むラウンド16から決勝トーナメントになります。次の大会からは48チームを16グループに分け、各グループが3チームによる予選リーグになりますので、よりトーナメント形式に近い大会になっていきます。ある意味、日本はそちらのほうが強いかなと思っているんです。というのも、日本は天皇杯にしろ、高校サッカー選手権にしろ、一発勝負の試合を勝ち抜いていくことに慣れていますので、私はチャンスがあると思っています。

――田嶋会長は、2015年からFIFAの理事も務めていらっしゃいますが、FIFAとはどのような組織で、日本協会としての関わりはいかがでしょう。

まず、私が入ったときには、汚職や不正がはびこっていて、多くの理事が辞めざるを得なくなったことで大きな改革をしました（※1）。理事会という会議体をなくしてカウンシルに変え、人数を増やしながらＦＩＦＡの改革を進めました。コロナ禍などの影響があって財政的にも厳しいのですが、スイス人のジャンニ・インファンティーノ会長の下でスポンサーを集め、今まで通り、加盟する211カ国に補助金を出せるような、クリーンな組織になってきました。
日本サッカー協会が創設100周年を迎えた2021年に東京オリンピックが1年遅れで開催されました。本来であれば、この年にFIFAのクラブワールドカップも招致するはずでしたが、コロナ禍に鑑み、招致を見送りました。211の国から1万人以上が集まるFIFA総会も日本で行う予定でしたが、こちらもコロナ禍の影響でオンライン開催になりました。日本に集中して大会や会議を持ってきてもらったのですが、開催できなくなり、残念でした。

日本サッカー界は新たな100年が始まった

――日本サッカー協会は、今年（2022年）から新たな100年が始まりました。JFA2005宣言を土台に、どんな改革を進めていかれますか。

JFA2005宣言の理念は、サッカーを通じて豊かなスポーツ文化を創造し、人々の心身の健康と社会の発展に貢献すること。この理念を決して忘れることなく、目標に向けてビジョンを持っています。具体的に、2050年までに日本がW杯で優勝したいということまで謳っています。この宣言に基づいて、事業や予算も予定しています。

――「日本代表強化」「指導者養成」「ユース育成」「普及」の4本柱を掲げている狙いは？

代表チームだけを強くしようとしている国はたくさんあります。そこに投資して人材を呼んだり施設を造ったりするのですが、それだけでは勝てないんです。恒久的にいい選手が供給されるシステムをつくっていかなければならないし、それぞれのレベルや年代に合った適切なコーチングができる指導者を育てていかなければならない。普及の観点ではサッカーの楽しさを伝え、サッカーの裾野をより大きくしていきたいと思っています。この4本柱を回していくからこそ、常時強い代表チームをつくっていけます。代表にだけ特化していたら、年によって良し悪しが出てくる。我々が7大会連続でW杯に出られているのは、長年にわたり、諸先輩がこの部分に取り組んできたおかげだと思います。

――アジアへの貢献についても考えられていますね。

我々はいま、アジア諸国に指導者やレフェリーを送って、各国のサッカーの底上げに寄与しています。ナショナルチームの監督をしている日本人指導者も増えています。日本がそういう国に敗れてしまうことがあるかもしれないけれど、それでもいい。そうなれば、もっと強いチームになるよう努力しなければならない。日本から人材を派遣するだけでなく、アジア各国から指導者養成やカンファレンスに参加してもらうなど、アジア全体の底上げをすることは、実は我々のレベルアップにつながると思っています。

W杯カタール大会では決勝トーナメントに進出。最終順位はベスト16では最高順位の９位となった　写真：Getty Images

――普及に欠かせないテレビ放映において、Ｗ杯予選は不自由な環境だったと話題になりました。ユニバーサルアクセス権（※２）についてのお考えは？

放送権の関係で、アジア最終予選のアウェイ戦の放送が地上波ではありませんでした。日本代表戦はテレビをつければ試合が見られるという環境にないといけないコンテンツだと思います。今回放送してくださったＤＡＺＮさんに感謝はしていますが、みんなが見られるものになっていかなければいけない。ＤＡＺＮ契約者は１００万人ですが、視聴率１％を考えると１００万人で、もし30％取れれば３０００万人の人が見られたわけですから、多くの人に見ていただくことで普及につながるし、サポーターを増やすことにもつながります。イギリスでは、ＦＡカップの決勝やラグビーワールドカップは、法律でユニバーサルアクセス権が決まっています。日本も相撲は地上波で放送していますし、サッカーも天皇杯は地上波で流れますが、法律で定めていかないと、これからは有料テレビなど（放送権を買う）お金のあるほうに流れていってしまいます。今回のW杯本大会は、テレビ朝日、NHK、フジテレビが放送してくれますし、AbemaTVが全試合を無料で見られるようにしてくださいました。あらためて感謝するとともに、こういう布石を打っているからこそ、普及で人口が増えているのだと思います。

もっとサッカーを普及させていくために

――普及に関して、子どもたちへの取り組みについて教えてください。

2002年日韓W杯のレガシーとして2003年に「キッズプロジェクト」を立ち上げました。全国各都道府県サッカー協会でキッズフェスティバルを開催したり、幼稚園や保育園の巡回指導を行ったりなど、年間数万人のお子さんたちが参加してくれています。2022年には、日本サッカー協会初の公式アプリ「JFAパスポート」というものを開発します。また、子どもに必要な動きづくりを徐々にステップアップしながら取り組んでいく個人向けプログラム「JFAチャレンジゲーム」というものもあります。「めざせクラッキ！」と「めざせファンタジスタ！」があり、20以上の級に分かれてレベルアップしていくものです。小さいときに体を動かすこと、技術に挑戦することで、楽しさや根気強さを培っていこうとしています。その他、フットサルフェスティバルやファミリーフットサルなど、グラスルーツの方々にアプローチしています。

さらには、シニアへの取り組みとして、例えば浦和では40代からオーバー70の皆さんが4校リーグをやっていて旧交を温めています。こういったものが全国にあり、大会も行っていて、女子にも広がっています。

――特に幼少期は多競技に触れたほうがいいといわれますが、どうお考えですか。

それはもう大賛成です。ただ、サッカーって前にも後ろにも走るし、転んだり立ったりジャンプしたり、いろんな動きのあるスポーツです。小さい頃にサッカーをやって、違う競技に転向するのは、悪いことではないと思います。むしろ、足を使う特殊な競技なので、ある程度小さいときからやっていたほうが、基礎的な技術を身につけやすいと思います。小さい頃にサッカーをして、そこからテニスなどに競技転向するのは、ヨーロッパでは普通のパスウェイになっていますし、アメリカのように夏は野球、冬はフットボールなど、シーズンごとに異なるスポーツをしてもいいかもしれません。

――これまで地域密着型で活動されてこられましたが、次の100年はどのような構想を描かれていますか。

「Jリーグ百年構想」の中で地域密着型のクラブは当然継続しますし、女子のWEリーグも、地元に密着した中でクラブの価値を上げています。100年の歴史を超える高校サッカーも地域密着で、継続していかなければならない。チームを応援することで地元が楽しくなったり、応援に行くことで新たなコミュニティをつくることになったり、そういう良さが出てくると思っています。

——女性がスポーツに参画する仕組みづくりについても、継続されていかれるのですね。

我々は、100万人の選手のうち20万人の女性選手登録を目指していますが、いま残念ながら、選手としての登録はやっと5%を超えたところです。でもおかしくないですか。本来での男女比であれば半々、もしくは6対4くらいが普通です。小学生までは男女一緒でも、中学校に入ると成長期の問題などでやりにくくなってくる。しかも女子サッカー部のある学校はほとんどありません。そういう意味でも、女子の普及にかなり力を入れていく必要があり、WEリーグの創設もまさにそういう狙いがあります。

女性理事の登用も、我々の目指すところまではまだまだ道半ばです。WEリーグの開幕で、クラブ職員の女性の比率を50%以上と義務付けました。そして、女子の意思決定機関に必ず女性が入っていなければならないということを徹底しようとしています。本来であれば義務付けなくても自然にそうなるべきなのですが、残念ながら日本の歴史の中でそうはなりません。我々はまずWEリーグに率先してやってもらおうと考えています。来年にはスポーツ庁のガバナンスコードに沿っていきますが、40%の女性理事の枠にはまだ達していません。私の最後の任期では、25～26%までもってきました。しかし、ただ数合わせで女性を起用するのは失礼ですので、それぞれの組織でリードできる女性を育てていくこと、経営層の中で女性がきちんと意見を言えるような環境をサッカー界全体でつくっていくことが必要です。

――川淵三郎さんの改革以来、サッカー界はスポーツ界のロールモデルとなってきました。その先頭を走る辛さや、今後の課題はありますか。

川淵さんは稀有なリーダーで、Jリーグのビジョンを貫いたからこそ、いま日本のスポーツ界の仕組みがガラッと変わりました。お手本であり、素晴らしいリーダーだと思います。では、次のステップとして何をすべきか。今までの踏襲だけでは後退ですので、ガバナンスコードで女性や子ども、LGBTQなどに真剣に取り組み、もっと違ったサッカー界の開拓をしないといけないし、大会のあり方を考えていかなければならないと思っています。

始まりは小学校から

――田嶋さんご自身がサッカーを始められたきっかけはなんですか。

駒沢公園近くの用賀小学校に通っていて、小学2年生のときに東京オリンピックがあり、駒沢競技場でサッカーの試合が行われました。それと、私が入る2年前に小学校の学習指導要領が変わり、サッカーが体育の必修科目になったんです。私は小学校でサッカーに出合い、そしてオリンピックを見て、サッカーに非常に興味を持ちました。先生も素晴らしい方で、夏はソフトボール、夏休みは水泳、9月から3月はサッカーを教えてくださって、そこでサッカーの楽しさを知りました。中学校は東京都や関東でも優勝できるようなチームで、サッカーの素晴らしさや楽しさを知ったことで、ここまで続けることができました。

――用賀から、高校は浦和南高校まで通われた理由はなんでしたか。

当時はサッカーの強いところが決まっていて、埼玉と静岡と広島だったんです。全国大会ベスト4は必ずこの3つと、あとは東京や大阪が入るかという感じでした。中学生の頃は『赤き血のイレブン』という浦和南高校がモデルとなったアニメがあって、それを見てぜひここでサッカーを続けたいと思って、浦和南高校を選びました。

浦和はサッカーどころで、実は全国大会に行ったのは3年生のときの高校サッカー選手権だけ。途中で「こんなに勝てないならやめちゃおうかな」と思うくらいでした。南高サッカー部の松本暁司先生は、類まれな指導者で、情熱を持ち、浦和を、サッカーを愛していたので、練習も楽しかったし、叱られもしたけど納得のいく叱られ方でした。本当に勉強になった3年間でした。

――若いうちに選手を辞めて大学院へ進まれた理由はなんですか。

とにかくサッカーに関わって生活していきたかったんです。これも単純ですが、テレビドラマなどを見て、体育の先生になろうと決めていたんですね。体育学部を中心に受験していたし、当時は

Jリーグがないので、サッカーに関わって生きていこうと思ったら、学校の先生になって部活動の面倒を見て高校選手権で優勝するほうが現実的な目標だったんです。私はたまたま筑波大学4年で初めて日本代表に入ったので、その後古河電工に行きましたが、もし入っていなかったら教員になっていたと思います。

実業団はプロではないので、仕事をして夕方練習に行っていました。しかし、3年目からは代表に選ばれなくなって、一気にモチベーションが落ちてしまったんですね。このままサラリーマンをするんだったら、大学院を受験しようと思いました。その裏には、奥寺康彦さんという古河電工の先輩が、1．FCケルンというドイツ・ケルンのサッカーチームにいらっしゃって、「古河電工に入れば1．FCケルンに留学させてあげる」と言われていたので、入って最初の2か月間留学に行かせてもらったことがありました。施設もトレーニング環境も日本と異なり、木漏れ日の中を颯爽と走って、練習内容も科学的で、今まで自分がしてきたことと違っていました。それを感じたときに、早く会社を辞めてここに来なきゃと思って、それをするためにケルンのスポーツ大学に留学しようと思って大学院を受験しました。大学の先生になったり、指導者の勉強をして指導者になったり、そういう道を選ぶために留学をしたんです。ちょうど、ケルンの隣町のバイエル・レバークーゼンのプロチームの監督をクラマーさんがしていて、そこでサッカーの勉強を、大学では語学などの勉強をできる環境があったので、25歳で選手を辞め、実際ドイツに行ったのは26歳のときです。

ドイツに行っていなかったら、間違いなく私はここにはいないと思います。

――留学がその後を変えたわけですね。

留学して、実際に勉強してみたら目から鱗で、これを早く日本に伝えなきゃと思えたんです。2年半の留学から帰ってきた当時、専務理事だった平木隆三さん、順天堂の小宮嘉久先生、松本光弘先生、東海大の宇野勝先生、そういった方々が、私がクラマーさんに学んだこと、ドイツで留学したことを評価してくださって、まだ30歳くらいだった私を日本のトップの指導者養成の変革に携わらせてくれた。失敗もしましたが、トライできたのは若さがあったから。ドイツに行ったこと、日本のトップで経験させてもらったこと、川淵さんに引っ張られて指導者養成や日本代表の強化にも携わらせてもらったことが、今の自分につながったと思っています。当時の先輩方にほんとうに感謝しています。

――現在、日本のスポーツ界を大きくどのようにご覧になっていますか。

間違いなく日本のスポーツ界はいい方向に向かっていると思います。指導者養成にも真剣に取り組んでいますし、自分も日本体育協会（現・日本スポーツ協会／ＪＳＰＯ）の指導者養成では大きく変革できる貢献ができたと思います。ＪＯＣナショナルコーチアカデミーの立ち上げでは、サッカー界のノウハウを大きく反映していただきました。いま、日本の指導者は育ってきていますし、育成の重要性は各競技団体がしっかりと把握してきました。また、Ｊリーグが行ってきたマーケティングについても、お金をしっかりと稼いでくるからこそ、サスティナブルに協会運営ができる。

山下泰裕会長、伊藤雅俊会長の下で日本オリンピック委員会（ＪＯＣ）、ＪＳＰＯの運営がされていますが、間違いなく健全で正しい方向に向かっていることがわかります。

――新型コロナウイルスの影響をどうお考えですか。

各競技団体が自分たちでジェネレートする環境をつくっていかないといけません。コロナが続いている環境の中で、これまでマーケティングをしっかりやってきた団体こそが一番被害を受けてしまいました。人件費や固定費をたくさん持って、それを補うだけの補助金がない。逆に補助金だけでやってきた団体の被害はそこまで大きくありません。卓球のＴリーグの立ち上げ直後、ラグビーＷ杯の直後などで水を差されてしまった団体は多く、コロナはある意味、試練でした。我々サッカー協会も多大な被害を受けたけれど、それをリカバーして苦難を乗り越えるからこそ、協会の力が強くなっていくと思います。ただ、自分たちでお金を稼げるようにならないといけないし、暴力や不正の撲滅もやっていかないと、みんなに応援されるスポーツ界にはなっていきませんので、襟を正していかなければならないと思います。

――東京２０２０大会も終わり、今後のスポーツ界が発展に必要なものは何でしょうか。

コロナ禍はスポーツ界に一石を投じました。無観客だった東京オリンピック・パラリンピックもそうです。今回は、せっかくオリンピックとパラリンピックが一緒になってやった珍しい大会だったと思います。こうした姿は日本には必要であり、東京2020大会のレガシーです。我々は、キッズ、施設整備、指導者養成などに200～300億円投資してきていますが、このレガシーをしっかり引き継いで、障がい者、LGBTQ、みんなが心からスポーツを楽しめる環境と施設整備を、国に働きかけてでもやっていかなければなりません。税金を投入してでもレガシーを継続していかないと、2020をやった意味がないとすら思います。

［2022年5月18日にインタビュー］

※1…FIFA改革：2015年にFIFA汚職事件が発覚。それを受けてFIFA規則を改定し、組織改革を行った。

※2…ユニバーサルアクセス権：誰もが自由に情報にアクセスできる権利。誰もが無料で視聴できる権利の保証。

Sport Frontier Interview

7

スポーツを通じて社会を「ユニファイド」する

有森裕子

大学スポーツ協会副会長
※インタビュー時はスペシャルオリンピックス日本理事長。オリンピックマラソン銀・銅メダリスト

マラソンの元オリンピック代表選手、有森裕子さんはスペシャルオリンピックス日本理事長として2008年から知的障がいのある人たちのスポーツを通じた成長と社会との関わりを後押しされています。インタビュー後の2023年に理事長を退任されましたが、今もユニバーサルスポーツなどを通し、深く活動に関わられています。1992年バルセロナ、1996年アトランタオリンピックで銀銅2つのメダルを獲得され、現役引退後はNPO法人代表として社会貢献活動を続けていらっしゃいます。いまのスポーツが担える社会的意義と可能性について経験に基づいた意見は貴重です。

（聞き手／文＝高樹ミナ）

スポーツを通じ知的障がい者の社会参画を促す

――スペシャルオリンピックスはどんな発祥で何を目的とした大会なのでしょうか？

まず、スペシャルオリンピックスというのは大会名ではなく組織名なんですね。知的障がいのある方たちに日常的にスポーツの機会を提供することで、スポーツを通した社会参加を促すことを目的としています。オリンピックやパラリンピックと違い最後に「ス」がついているのは組織名であることを表しています。発祥はアメリカで、故ケネディ大統領のお姉さんに知的障がいがあり、妹のユニス・ケネディ・シュライバーさんが自宅の庭を開放し、開いたデイ・キャンプがスペシャルオリンピックス（SO）の始まりです。それが全米、全世界に広まった歴史があります。

——なぜスポーツだったのでしょう？

とても人間性の素晴らしいお姉さんなのに、自分たちとは日常的に持てるチャンスに差があると感じていたユニスさんは、お姉さんと同じような境遇の人も、チャンスを奪われているかもしれないと考えていました。そして人間は五感が刺激されることで変化していける生き物だから、日常的にスポーツプログラムを提供することで、知的に障がいがある人が本来持っているものをどんどん育んでいけると考えたようです。障がいというのは「ある」ことが問題ではなくて、そういう人たちに機会を提供する「システム」が社会にないことが問題なのです。だからまずは皆ができるであろうスポーツの場を通じて、変化をわかりやすく感じてもらおうというのがスペシャルオリンピックスの目的です。

——有森さんが理事長になられて、選手やその周りでどんな変化が起きているとお感じですか？

スペシャルオリンピックスでは参加選手のことを「アスリート」と呼ぶのですが、彼ら以上に周りの社会、その中でも普段一緒にいらっしゃるご両親が変わりますよね。スポーツを通して成長するわが子の姿を見て、それまで抱いていた固定観念がいかに間違っていたかに気づき、本来、彼らが持っているものの可能性を知ります。もちろん私たちも同じで、この「気づき」を本当に多く生んでいると思います。アスリートが知るというよりも、アスリートの周りにいる人々が彼らを知るようになるといったほうがいいですね。

障がいを生み出す社会のシステムを変えたい

――スペシャルオリンピックスの大会は国内外で開催されているんですよね。

世界大会はオリンピックやパラリンピックと同じように夏季大会と冬季大会が4年に1度、そしてナショナルゲームと呼ばれる国内の全国大会がやはり4年に1度、世界大会の前年に開かれます。日本でも2005年2月に長野県で「第3回スペシャルオリンピックス日本冬季ナショナルゲーム・長野」が開かれました。また、2022年11月に広島で「第8回スペシャルオリンピックス日本夏季ナショナルゲーム・広島」が開催され、そこで日本代表に選ばれたアスリートたちが2023年、ドイツのベルリンで開かれる「2023年スペシャルオリンピックス夏季世界大会」に出場します。それこそ世界大会も日本で行われるナショナルゲームも、アスリートやそのご家族にとってはとても貴重な体験です。

――どのように貴重なのですか？

知的に障がいのあるお子さんをお持ちの親御さんは、「自分たちには海外旅行など経験できない」と思っていらっしゃる場合が多く、大会を機に親子で開催地へ行ける、一緒に旅を楽しめるということが新鮮だからです。本当に喜んでいらっしゃる。そして一度旅を経験されると、障がいがあっても親子で旅ができることが当たり前にならなきゃいけないんだと、そういう感覚に目覚めるご家族の姿をよく見ます。

——先ほどおっしゃっていた「社会にシステムがない」ことの象徴的な事例ですね。

諦めることが当たり前という固定観念によって、いかに多くの知的障がいのある人たち、その周りの人たちが小さな世界にとどまっていることか。そこを打ち破り広い世界へ出て行ったアスリートたちはみんな世界の仲間たちとスポーツを通して出会って、コミュニケーションを取ろうと一生懸命ですよ。もちろん言語が違うし、障がいの程度もさまざまですけれども、障がいのない私たちよりもうまくコミュニケーションしています。その自然な姿を見ていると固定観念に縛られている私たち、大人がおかしいと思いますし、「普通」って何だろう？　障がいって何だろう？　って考えさせられます。

——そういう意味ではBリーグと一緒にやっておられる「ユニファイドスポーツ」が面白いですね。

障がいのある人とない人が一緒にプレーすることで、同じ目的に向かってトライし、互いを知り、一緒にゲームを組み立てることができるんだというのをスポーツで見せています。これは企業や一般社会にも落とし込んでいける、これからの社会で一番起こってほしい流れです。

——各競技団体や選手の反応はいかがですか？　戸惑いを感じたりしませんか？

もちろんそれはあって、障がいのない側だけでなく障がいのある側も、はじめは「どうやって一緒にプレーするの？」という感じです。例えばボールのパスひとつにしても、障がいのない選手たちは今までのやり方を変えて、いったん、相手の表情を見て「いくよ」と合図をしてからパスするとか。そういうのを考えて工夫して、新しい方法論を見つけ出していっています。もちろん時間はかかりますよ。でも時間をかけたぶん生み出せるものがある。そうやって自分とはちょっと違う人、不便さを持った人とのコミュニケーションに一歩踏み出す人が増えることで、ユニファイド（一体化）の流れが社会にもっとできていくのではないかと思っています。

「走ること」の延長に社会活動がある

──有森さんは他にも「NPO法人ハート・オブ・ゴールド」の代表理事もお務めです。アスリートとして競技人生を終えた後、それらの社会活動を始められたのはなぜでしょう？

よく聞かれます。私にとってどの活動も競技人生の「延長」なんですけどね。自分らしく、自分の持っているものを最大限に生かして生きていきたいと思っているだけなんです。もともと走ることが自分の生きる手段で、それを大きく飛躍させてくれたのがオリンピックですけれども、根底にはいつだって自分に何かコレというものが持てたら、それを最大限に生かして自分の人生を発展させていきたいという思いがあります。

――そんな有森さんの姿に勇気づけられた、元気をもらったという方はたくさんいらっしゃいます。

自分の姿を見てくださる人を元気にしたいというのが私の基本で、そういうものを持ち続けたいというのがずっとあります。だから、現在の活動も走ることと別物ではないんですね。例えるならば、有森裕子という種を地面に植え、「なかなか芽が出てこないな」と言いながら周りの人が水や肥料をやってくれて、やっと芽が出て、大切に育てたらオリンピアンという木ができた。そうすると今度は「こんないい木ができたんだから、こっちに枝葉を伸ばさない？　こんな実をつけてみない？」と。そうすれば自分達も実を食べられるし、見ていてもうれしいからというのが今の活動です。だから根は一緒なんですね。

――なるほど「有森ツリー」なんですね。

そうです。最初は自分を喜ばせる「自喜力」があり、そんな自分を一生懸命に大きくしていって、それを成し遂げた先に今度は他人が喜んでくれる「他喜力」があるという考え方や体験が、今日のいろいろな活動になっています。

――マラソンというスポーツの競技性は社会活動をする上で相性が良さそうですね。

それはありますね。マラソンを自分の生きる手段にして良かったな、ありがたいなと感じています。マラソンだけなんですよ。すべてのプロアマ、男女、年齢、国、人種などにおいて同じスタートラインに立ち、同じゴールを目指して、同じ日時にできる競技は。マラソンはどんな人でも、ユニフォームを着てシューズを履いて、スタートラインに立ったら皆、ランナーですから。そこで例えば、何かメッセージを伝えたいとか表現したいことがあるときに、参加している全員にアナウンスできるし、一人ひとりがインフルエンサーになれる。つまりスポーツを通して社会にコミットできる最高の手段なのです。だからチャリティマラソンのようなイベントを早くから世の中に広められました。

実績ゼロの学生ランナーが名将・小出監督に直談判

――マラソンとの出合いを教えてください。

まず、陸上部に入ったのは高校からで、中学時代はバスケットボール部でした。高校を卒業した後は日本体育大学に進学し、そこからリクルートに入りましたけれども、全部押しかけです（笑）。

――ご経歴を拝見する限りエリート中のエリートに見えますが？

いえいえ、求められて入った場所はひとつもありませんよ。高校の陸上部だって3カ月粘って入れてもらい、大学は推薦で入れてもらって、リクルートは自分から押しかけですからね。たまたま友達から「リクルートという会社があって、まだ陸上部は新しいから選手を欲しがっているみたい」と聞いて、故・小出義雄監督に直談判したんです。私、大学まで実績がほぼゼロだったんです

1992年バルセロナの銀に続き、1996年アトランタでは銅と、オリンピック2大会連続でメダルを獲得した有森裕子氏（左）　写真：Getty Images

よ。そんな選手を普通、実業団では取ってくれないんですけれども、インターハイの会場へ行けば実業団が選手の勧誘に来る、リクルートも来るからと聞いて、「それなら直談判する！」って、当時住んでいた岡山から神戸まで飛んで行きました。

――そこで小出監督に会ったんですね。

それが小出監督は来ておらず、全然知らないマネージャーさんとコーチの方が私のことを「監督に言っておくよ」と言ってくれて。それで電話を待っていたら、10日くらい経って本当に小出監督から電話がかかってきて、「小出だけど、走りたいんだって？」って。「はい！」と答えたら、「でも僕、有森裕子って名前、聞いたことないんだよね」と言われて。それでも「僕ね、最近、物忘れがひどいから、会ったら思い出すかもしれない」って言ってくださり、本当に千葉にある寮まで押しかけて行きました。

――それでどうなったんですか？

「よく来たね、有森さん」と言いながら、見たことない選手が来て誰だかわからない状態で立ち尽くされていましたけれども、岡山から来た私を追い返すわけにもいかず（笑）。「よく来た。とにかく1時間くらい話をしよう」と言ってくださいました。そこでインターハイ、国体、駅伝、区間賞などの記録を聞かれて全部アウト。それでもめげずに「全国都道府県対抗女子駅伝競走大会にも出たことがなくて、3年連続補欠です！」と言った途端にドン引きされて、「あ、岡山で一番弱い人が来たのね」と言われたので、「呼んだのはあなたですよ」って、妙な会話をしました（笑）。

――それでなぜ採用に至ったんですか？

小出監督が「僕はびっくりしている。こんなに何も持ってない人に会ったのは初めてだ。ただもっとびっくりしているのは、根拠のないやる気でよくぞここまでやってこられた。その根拠のないやる気にとても興味がある」とおっしゃって。「人間はどんなに素晴らしい生まれ持った素質や実績を山ほど持っていても、本当に大事なのはこれから先、自分がどうしたいか、どうするんだというやる気と思いなんだ。僕はあなたのそのやる気を買いたい、見てみたい」と。そこからたったの3日でリクルートから受け入れOKの電話がかかってきて、迷うことなく「行きます！」となりました。珍道中ですね（笑）。

メダルの価値は取った後の輝きで決まる

――小出監督との出会いから1992年バルセロナオリンピックで銀メダル、1996年アトランタオリンピックでも銅メダルという、まさに大木に育っていかれましたね。

監督もびっくりでしたけどね。ただ、最初のメダルは嵐のごとく、慌ただしく事が過ぎていったという感じで、自分も周りもとにかく「やった！　メダルだ！」って。何しろ（1968年メキシコシティー大会の君原健二選手の銀メダル以来）24年ぶりの日本人のマラソンのメダル、陸上女子では1928年アムステルダム大会の人見絹枝さん以来のメダルでしたから。でも、周りはそれをどう生かせばいいかわからず、「頑張りましたね。現場に戻りますか？　引退しますか？」というぐらいで、世界に羽ばたけたメダリストのセカンドステージのつくり方が無かったんですよね。私も初めての経験で先例がないから、誰かが何かをしてくれるだろう、それで自分の人生は開けるんじゃないかみたいな、漠然とした夢しか描けなかったというのは正直ありました。

――2度目のメダルは違いましたか？

オリンピックのメダリストをその後の人生につなげられるようにしなきゃと。オリンピックのメダルはホップ・ステップ・ジャンプのジャンプじゃないんだ、ステップなんだと考えました。メダルの価値は取った後の輝きで決まるとわかって、自分の意思を持って目指したのがアトランタでしたから、ただ喜ぶだけじゃなくて、「さあ、ここからだ」という、バルセロナとは全然違う経験であり、タイミングでしたね。

――そして、あの「初めて自分で自分を褒めたい」という名言。何年経っても色褪せませんが、実はずっと以前にあのフレーズの〝種〟があったそうですね。

全国都道府県対抗女子駅伝競走大会で補欠だった高校2年生のとき、会場で高石ともやさんというシンガーソングライターの方が歌と詩を披露されて、緊張しまくって悲壮感にあふれる私たちランナーに、「なんでそんな顔してるの? ここまで来るのに一生懸命頑張ってきて、一番喜ばなきゃいけないみんななのだから、自分で自分を褒めなさい。褒めた後は自分で選んだ道で、また明日からしっかりと頑張ってください」というような詩を披露されたんです。それを聞いて、「そうなんだよ、頑張ってきたんだよ」と。でも「こんな補欠の自分を褒めていたら、ますます弱くなっちゃう。これ以上の自分はないと思えるくらい強くなってから、この言葉を絶対自分に言おう」と、私の中に閉じ込めた言葉でした。

関わる全員が「何を残したか」を考えられる東京大会に

――有森さんは日本で開かれる2度目のオリンピックは何を残せるとお考えでしょう?

2010年にIOC女性スポーツ賞を日本人として初めて受賞。写真はスポーツ庁とビル＆メリンダ・ゲイツ財団とのパートナーシップ契約を発表したときのもの　写真：Getty Images

メダルの話と似ていますけれども、「何を残したいの？」ということですよね。強い意志と思いがない限り、大会を開く価値は生まれないと思うし、その問いかけをすべての人ができて、考えたいと思う大会になることが大事なんじゃないかと思います。私はずっと昔から再三言っていますが、オリンピック・パラリンピックはスポーツの祭典で、お祭りの主役は大会に関わるすべての人なんですよね。ボランティアも観客もアスリートも大会運営側のスタッフも。そこに「この大会を通して、こういうふうにしたい」というものが生まれないと、私は平和な世界のスポーツの祭典にはならないと思います。

——ネガティブな要素とポジティブな要素が混在している状況ですけれども、チャンスや可能性のある大会ではありますよね。

もちろんそうです。本来、さまざまな機会や出会い、気づきを提供できる素晴らしい場なんですよね、オリンピック・パラリンピックというのは。だから、世界中の人たちの気持ちを取り込んで、今の社会が求める「ＳＤＧｓオリンピック・パラリンピック（※１）」というぐらい、社会に対してスポーツが果たせる意義を見出せる大会になってほしいです。

――今回のテーマである「いま、スポーツにできること」にもつながりますね。

スポーツそのものはメンタル的にも身体的にも健康・健全に寄与できる素晴らしい要素を持っています。それと同時に、多くの人に愛され必要とされるものだと思うので、そういった特性をどんどん社会に生かしていけるものであってほしいし、生かせると信じています。

［２０２１年３月17日にインタビュー］

※１…ＳＤＧｓ：「Sustainable Development Goals（持続可能な開発目標）」の略称。２０１５年９月、国連総会で採択され、国連加盟１９３カ国が２０１６年から２０３０年の15年間で達成するために掲げた目標である。「貧困なし」「飢餓ゼロ」「ジェンダーの平等」など17の目標と、それらを達成するための具体的な１６９のターゲットで構成されている。

障がいが「ある」ことが問題ではなく、そういう人たちスポーツをする機会を提供するシステムが「ない」ことが問題だと語る有森裕子氏

スポーツの価値とは何か？　東京２０２０オリンピック・パラリンピック（東京２０２０大会）閉幕1年後に発覚した贈収賄疑惑、談合疑惑であらためてスポーツの価値が問われている。

前章ではスポーツホスピタリティ、あるいはスポーツツーリズムが地域の活性化やスポーツ産業の振興といった成果をもたらすことに着目した。これらは「スポーツを通して生み出される価値」にほかならない。スポーツを「する」ことによって生み出される健康および健康長寿社会の延伸、人と人とのふれあいが生み出す仲間意識や帰属意識の醸成などが価値として指摘できよう。また「みる」ことで生まれた感動がもたらす効果、例えばそのスポーツの普及振興、消費活動の活発化、メディアの興隆、それらを具体化していった先にスポーツビジネスの発展も見えてくる。さらに「ささえる」が生み出す効果としての社会貢献、共生社会実現に向けた活動などは人々に行動変容をもたらすことになる。

一方で体を動かす楽しさ、そして自らを律して目標に向かって努力する姿勢を育むことは「スポーツそのものの価値」と言われる。努力は技術の向上をもたらし、自身の力を伸ばす。そして最大限の力で試合に臨み、勝利の喜びや敗戦の悔しさという感情を味わう。それが次の試合に挑む基となる。試合ではルールを受け入れて価値観を共有、チームメイトや対戦相手、審判員をリスペクトし、帰属する人種や言語、性別、年齢、社会的な地位や政治、文化などの違いを理解し交流していくという社会性を育む。これらもまた「スポーツそのものの価値」であり、「スポーツに内在する価値」と言い換えてもいい。

「スポーツの価値」とは、それら2つの価値の統合である。柔道の上村春樹さん、サッカーの田嶋幸三さん、マラソンの有森裕子さんはじめ元アスリートの皆さんに自らの競技経験を通した「スポーツの価値」を語っていただいた。価値を考える縁としたい。

講道館館長の上村さんは、世界に普及する創始者嘉納治五郎の教えを「己の完成を目指すこと。それは世の中のためになる人間であれということで『精力善用』『自他共栄』の理念に表れています」「自分だけが勝つのではなくて、互いにウィン・ウィンの関係になりなさいと」と説いた。日本サッカー協会（JFA）会長の田嶋さんは、JFA2050宣言をもとに子どもたちへの指導とともに、「障がい者、LGBTQ、みんなが心からスポーツを楽しめる環境と施設整備を、国に働きかけてでもやっていかなければなりません。税金を投入してでもレガシーを継続していかないと」東京2020大会を開催した意味がないと強調した。スポーツ組織の指導者でもあるふたりはスポーツの価値を守り、育む活動に奔走している。

内戦を終えたカンボジアで地雷廃絶を訴え、マラソンを通した被害者支援を続けていた有森さんが知的障がいのある人たちのスポーツ活動支援の先頭に立ったのは2008年4月。スペシャルオリンピックス日本（SON）理事長として普及・啓発活動の先頭に立ってきた。2023年3月に理事長を柔道のオリンピアン平岡拓晃さんに譲り、知的障がいのあるアスリートと障がいのないパートナーとがチームメイトとして一緒にスポーツする「ユニファイドスポーツ＠」支援に取り組む。新たなスポーツの価値の創造が視野に入る。

（副編集長・佐野慎輔）

4章

東京2020
オリンピック・パラリンピック

Sport Frontier
Interview

8

世界の共通課題解決に挑む姿を日本から発信する

橋本聖子

参議院議員
※インタビュー時は東京2020大会組織委員会会長

東京2020オリンピック・パラリンピック大会組織委員会会長を務められた橋本聖子さんに話を伺ったのは、長引く新型コロナウイルス感染蔓延の影響を受けて開催中止や延期を求める声が上がっていた頃でした。2021年2月の就任以来、開催に向けて全力を傾注する橋本さんは夏・冬合わせてオリンピック7大会出場の「オリンピックの申し子」。コロナ禍でも開催する意義や準備状況について、参議院議員としてスポーツと政治の世界で培ってきた経験を通した責任者としての強い意志がありました。

（聞き手／文＝高樹ミナ）

コロナ禍で難航する大会準備

――緊急事態宣言下で東京オリンピック・パラリンピックに対する世論には大変厳しいものがあります。どう受け止めておられますか？

約7年半前（インタビュー当時）に2020年東京大会の招致が決定したときには、国民の7～8割近い方々から大きな期待を寄せていただいて、東京大会の支持率は非常に高かったわけですが、新型コロナウイルスの影響でオリンピック史上初めて1年延期となり、国民の皆さん、都民の皆さんのコロナに対する不安ですとか、感染対策に対するあらゆる思いというものが、もとは大会を支持してくださっていた方々をも支持者でなくしてしまいました。そして、東京大会をさらに延期するべき、あるいは中止にするべきという声が大きくなる中で万全なコロナ対策をし、これであれば安心・安全の東京大会になると歓迎されるものにしていくことがいかに難しいかを痛感しています。

——感染対策には選手を守る対策と、日本に感染を広げないための対策とがあると思いますが、それぞれはどのように進んでいますか？

選手および大会関係者への対策については、今年2月に初版を出したプレイブック（※1）の第2版を4月に公表しました。そこからさらに日々刻々と状況が変わる中で、一つ一つ丁寧に課題を解決していきながらプレイブックの第3版を作成中です。さかのぼること2020年の秋、政府のイニシアチブのもとでコロナ対策調整会議を設置させていただいたときには、私は東京オリンピック・パラリンピック担当大臣の立場で政府、組織委員会、東京都、JOC（日本オリンピック委員会）、JPC（日本パラリンピック委員会）といったスポーツ関係者にもお入りいただいて何度も会議をしました。そして12月の中間整理を経て、今年3月の末に海外の一般の観客の方は残念ながらお断りすることになりました。これによって医療の問題を少し解決できたのかなと思います。やはり医療の逼迫を招き地域医療に支障を来すようなことがあっては国民の皆さんの健康も、海外から来る選手団の皆さんの健康も守り切ることができないという中での判断でした。

——国内のほうはいかがでしょう？

国内の観客については現在も緊急事態宣言が発出されている中で、自治体それぞれの感染状況は大きく異なってきていますので、それらを見ながら観客の上限などを決める作業を進めているところです。ただどうしても、逐一変わる状況を見極めながらになりますので、時期を少しずつ前にずらしているとか、ただ単に先延ばしをしていると見られてしまうのが苦しいところでもありますが、医学的、科学的な知見を踏まえ結論を出していこうとしています。

――観客の上限はいつ決まるのでしょうか？

感染状況に照らして、6月中にと思っています。そのときには、なぜそうなるのかということと、柔軟な対応が必要だということをしっかりお話しできるようにしたいと思っています。

組織で必要なリーダーシップとは？

――ボランティアスタッフの感染対策も重要です。こちらはどうなっていますか？

20万人に上る大会ボランティア（※2）の応募があって、現在8万人前後の方々に研修をしていただいております。シティボランティア（※3）も含め、多くの方にお手伝いをいただかなければ大会は開催できませんので、ウイルスの検査体制などをしっかり整えて「うつさない・うつらない」感染対策を徹底します。

東京2020オリンピックの開会式であいさつする東京2020大会組織委員会の橋本聖子会長（当時）　写真：Getty Images

――開幕はオリンピックが7月23日、パラリンピックが8月24日ですが、そこまでのロードマップを教えてください。

テストイベントの日程がずれたり、中止になったりしていましたが、それらも少しずつ実施されてきています。ただし観客を入れてテストできない状況はありますので、観客の皆さんをお迎えしたときにどういったロジスティクスを確保していくかという課題はあります。ですがシミュレーションはできますので、大会本番の運営に支障を来さないところまで政府と詰めています。

――この難局にあって、橋本会長ご自身が組織のリーダーとして指針にされていることや、組織のトップとして必要なリーダーシップは何だとお考えでしょうか。

私が考えるリーダーシップというのは、それぞれが持つ特徴というか、性格や背景によって発揮の仕方は違うんだろうと思います。例えば私が組織委員会のトップになった背景は、森喜朗前会長と交代せざるを得ない状況になってのことでしたから、私自身のリーダーシップは森前会長とは全く形が違います。あれだけの強烈な存在感を持ち、一国の総理もご経験されて、海外の人脈が豊富な国際的なリーダーだった森前会長に対し、私の場合は組織で働くそれぞれのポジションの方々の意見をできる限りたくさん拾い、取りまとめて、声に出せない声を代弁する。そして多くの方々の努力というものが報われる、そういうことを心がけてきました。もちろん最後の決断をし責任を取るのは会長である私の役目ですけれども、その決断は多くの方々の声によって動かしていくべきだと考えています。

オリンピック出場は天命

——ご心労も多いかと思いますが、実は橋本会長はもともと体が強い方ではないんですよね。

はい、小さい頃から病気がちで、風邪をちょっとひいたりすると入院するぐらいでした。そのためたくましくならなくてはいけないということで、スポーツを続けさせたというのが親の思いだったようです。大きな病気でいうと、まず小学3年生のときに急性腎炎になって2カ月間入院し、退院後も2年間は運動しちゃいけないとか、食べ物の制限もすごく辛かったですね。さらに高校3年生のときはもともとあまり体が強くないところに激しいトレーニングをしたことで腎臓がまた悪くなって入院しました。するとトレーニングできなくなるという恐怖で、呼吸できなくなり、今でい

オリンピックでは日本人女子最多の冬季4回・夏季3回出場し、1992年アルベールビル冬季大会ではスケート女子1500m銅をはじめ、入賞9回を数える　写真:Getty Images

うＰＴＳＤ（心的外傷後ストレス障害）ですね。呼吸する筋肉に異常が出て、呼吸筋不全症という病名がつきました。その上、入院生活をしている中で医療事故に遭いＢ型肝炎にも感染して入院生活が長引きました。

――それにもかかわらず退院１年後には１９８４年のサラエボ冬季オリンピックに出場されました。

奇跡的に間に合って出場することができました。出場すること自体が奇跡と言われていたものですから、夢叶って本当に良かった、うれしかったというのが最初のオリンピックの印象です。何しろストレスで胃に穴が開いたり、髪の毛が相当抜けたりしましたからね。高校生というのはいろんな意味で多感な時期ですし、まだ精神的にすべてを受け入れて乗り越えていく力が備わっていなかったのでしょうね。精神状態が体に出てくるという初めての経験をしました。

――入院中はどんな気持ちで過ごしていらっしゃったのですか？

自分の心の中が荒れていくのがよくわかるんです。仕方なく入院している自分と、オリンピックを目指したい自分がいて、入院している自分を許せない心の葛藤があり、余計、状態を悪くしてしまう。そんな自分を納得させるのに時間がかかりました。

――そこまでしてオリンピックに出たいという原動力は何だったのでしょう？

（脇にある東京オリンピックの聖火リレーのトーチを指差して）これです。聖火を見たい一心です。自分の名前は1964年の東京オリンピックの開会式で聖火に感動した父が「聖子」と付けたものので、そのことを物心ついたときからずっと聞きながら育ってきたので、（オリンピックを目指すことが）運命というか、天命というか、そういうふうに感じていたんだと思いますね。1972年、私が小学校2年生のときに札幌冬季オリンピックがあって、競技自体はテレビで見ていたんですけれども、大会期間中に父が「競技場の外から聖火が見られる」と言って真駒内スケート場に連れて行ってくれたのを覚えています。「あの聖火からお前の名前がついたんだから、いつかオリンピックの選手にならないと駄目だ」と言われて、そのときにオリンピックにスピードスケートという競技があるのを初めて知ったんです。

母である前に公人として仕事に邁進

——若い時分に大きな病気を経験された橋本会長は、かねがね「心のあり方がとても大事」というお話をされていますね。

はい。私は病気のおかげで心が穏やかになる訓練ができたと思っているんです。当時、主治医からは「ストレスを溜めちゃいけないんだよ」と言われ、そのための訓練を受けました。腎臓の病気やB型肝炎とはずっと付き合っていかなきゃいけませんからね。訓練にはいろいろな方法があって、中には辛いものもありましたけれども、すごく勉強になってオリンピックでも役に立ちました。

――どんな訓練をするのですか?

よく「ストレスを発散する」と言いますが、ストレスが溜まること自体が体に良くないので、例えばちょっとカーッとなったり、嫌な思いをして「怒り」みたいなものが体の中に湧いてきたときに、それをプラスに変えていくトレーニングをします。常に心穏やかに生活するために、何か嫌なことがあっても「これは自分にとってプラスなんだ」とすぐに置き換える訓練ばかりしていました。

――先の見えないコロナ禍でアスリートも懸命に頑張っています。そうした姿をどんなお気持ちでご覧になっていますか?

本当に辛いと思います。今の日本の選手たちはフィジカルだけでなくメンタルも強化され、素晴らしい精神力で記録を伸ばしているケースが増えています。心技体をしっかり連携させるテクニックを学ぶようになって、私がアスリートだった時代よりも総合的に強くなっていると感じています。それでもコロナというのは誰にとっても初めての経験ですから、私もいろいろな選手やコーチ、監督に話を聞いています。すると、今までとは違った時間の中で、「今までできなかったことを思い切ってやれるチャンスが来た」とか、「自分自身を高めることができている」と言う選手が多く、素晴らしいなと思っています。ぜひ自信を持ってほしいと思います。

――少し視点を変えます。橋本会長ご自身、ご家庭をお持ちで6人のお子さんの子育てをされて、

コロナ禍という非常に厳しい課題を乗り越えて東京2020大会の開催を導いた
橋本聖子氏

さらにお孫さんまでいらっしゃるそうですね。仕事と家庭をどうやって両立されているのですか？

何足もわらじを履いているとよく言われますけれども、実際にはそんなことはなくて、自分中心なんですよ。そうさせてくれる周りにはいつも感謝をしていますが、私は公人という立場で非常に責任のある仕事を担っておりますので、自分中心にならなければ良い仕事ができないと考えています。そのぶん家にいない母親ですから、子どもたちにはずっと寂しい思いをさせてきました。下の2人の子は小学校のとき不登校にもなりました。でも、そんな母親の姿を見て子どもたちなりに一つの山を乗り越えてくれて、しっかりしなければと思っているようです。

コロナ禍で大会を開く意義

――1995年に国会議員になられて、翌年のア

トランタオリンピックに出場されました。現職の国会議員がオリンピックに出場するというのは男女を通じて日本初のことでしたね。また、２０００年には出産もされました。当時の女性議員は今よりもっとご苦労があったのではないですか？

当時30歳で参議院議員に最年少当選させてもらったんですが、まだまだ女性議員の数が少ない中で、現職の国会議員が出産するというのは参議院始まって以来のことでしたから、男性議員からは「国会議員が出産をするのか」と驚かれましたね。国会議員になる女性は「結婚しない」「子どもを産まない」という認識の方がほとんどだったと思います。出産に際し1週間お休みをもらうための請暇願に「出産」という項目がなく、「その他」の欄に「突発的な事故」と書くようにと、言われたぐらいです。出産後は同じように子育てを経験されてきた女性議員の先輩方と相談し、議員規則の改正に動いて、出産も欠席事由に書き込めるようになりました。

――出産が突発的な事故とは信じがたい時代ですね。

あれから26年が経ちましたけれど、女性活躍の時代にあってもまだ日本の社会は働く女性のための環境を整えることができていないと感じています。私もさまざまな葛藤の中で仕事を続けてきて、女性が活躍しやすい社会をつくりたい、その思いでさまざまな政策を作ってきましたが、まだまだですね。

――東京オリンピック・パラリンピックのコンセプトにも「ジェンダー平等、多様性と調和」が謳われていますね。それも含め、このコロナ禍でオリンピック・パラリンピックを開く意義をどうお考えでしょうか。あらためてお聞かせ願えますか？

過去のオリンピック・パラリンピックは素晴らしい価値や意義を持って、人々に夢や希望、感動をお届けしてきたと思います。しかしながらこのコロナ禍で東京大会は1年延期となり、意味も価値も大きく違ってしまいました。東京大会にこれまでとは全く違う形のオリンピック・パラリンピックが求められているとしたら、私はコロナ感染症対策という世界が直面している大きな共通課題を日本が先頭に立ち、オリンピック・パラリンピックという舞台を通じて解決していこうとする姿を発信する必要を感じています。「今回は中止にして世の中が落ち着いたときにやるべきではないか」という世論が大半を占める中で、非常に難しい課題を与えられていることはわかっていますが、大会の主役であるアスリートを応援してくださる国民の皆さんに何とか理解をいただいてまいりたいと思います。

［2021年4月26日にインタビュー］

※1…プレイブック：東京オリンピック・パラリンピックの参加者に向けた新型コロナウイルス対策を示すルールブック。
※2…大会ボランティア：主に競技会場で活動するボランティアスタッフのこと。東京大会では「フィールド・キャスト」と呼ばれる。
※3…シティボランティア：空港や都内主要駅、競技会場周辺などで案内をするボランティアスタッフのこと。東京大会では「シティキャスト」と呼ばれる。

Sport Frontier
Interview

9

スポーツ界が求められているものとは

山下泰裕

日本オリンピック委員会会長、国際オリンピック委員会委員
※全日本柔道連盟会長、オリンピック柔道金メダリスト

日本オリンピック委員会（JOC）会長の山下泰裕さんは、1984年ロサンゼルスオリンピック柔道金メダリストであり、国際オリンピック委員会（IOC）委員、全日本柔道連盟会長も務められています。開催を控えた東京2020オリンピック・パラリンピック大会の意義、さらにスポーツ界に求められていること、スポーツが果たすべき役割などを伺いました。ご自身の夢の実現は子どもたちの指針になるお話です。

（聞き手／文＝櫻木瑤子）

東京2020大会開催の意義を考える

――東京2020オリンピック・パラリンピックまで約2カ月。新型コロナウイルス収束がいまだ見えない中での開催には厳しい意見も聞かれます。今大会の意義をどのようにお考えでしょうか？

開催に対して不安の声が大きい中で、日本国民や東京都民に迷惑をかけることなくどうやって大会を開催するかと、IOC（国際オリンピック委員会）も組織委員会も国も真剣に議論してきました。しかし、今の世論が日本国民の安心・安全を守ることと、東京2020大会を開催することとが対立構造になっているということは極めて不幸で残念であります。これまでに開催された各競技大会のさまざまなケースから、日本国民の安心・安全の確保と大会開催の両立はできると我々を含

モスクワ大会不参加を乗り越え、ロサンゼルスオリンピックで柔道無差別で金メダルを獲得した山下泰裕氏　写真:Getty Images

めて確信を持っています。ただ、観客ひとつにしてもゼロでやればより安心だけど、少しでも日本の観客の方々が入っていただいた形で安心・安全を確保しながら可能なのかなど、国民の皆さまに説明できていない。非常に不安に思われることはよく理解できますが、もう少しだけ待っていただきたいとお願いしたいです。どういう形で開いていくのか全部表に出して、そうすれば、かなりの不安は解消すると思います。私は安心・安全でやれると思っていますし、これが確保できなかったら歴史に汚点を残す大会になるとそう思っています。振り返ったときに、コロナ禍の状況の中でみんなが知恵を絞って、そして世界中のアスリートが集った、長く歴史に残る大会になると私は確信しています。

——1980年モスクワオリンピックのときに東西冷戦のあおりで日本がボイコット、山下さんは選手として出場できなかった辛い経験をお持ちです。理由は違いますが、夢の舞台が無くなるかもしれない状況にある選手たちの心境をどのようにお感じですか。

大会が開かれるかどうか、大会に向けて自分たちが準備していっていいのか、そういったことに不安とかうしろめたさを持っている選手たちがいるということは非常に申し訳なく思っています。選手たちにそういう思いをさせてはいけないんです。ただ、ひとつ言えるのは、大会はあると信じて残された約2カ月しっかりと準備をしてほしいと思っています。世界中の関係者、オリンピックに出場する人たちもみんな大会があると信じて準備しています。ですから、焦らず一日一日自分のやるべきことに集中して、一日一日を充実させて有意義に送ってほしい。そうしないと大会のときに自分が持っていることを全部出し切ることはできないと思います。まだ2カ月か、もう2カ月か。一日一日を充実させてやっていただきたい。あると信じて万全の準備をしてほしい、それが私から一番伝えたいことですね。

――モスクワ大会ボイコットはご自身にはどのような影響を与えたのでしょうか？

私のこれまでの人生の中で一番辛かったことは間違いなくモスクワのボイコットです。振り返ると、あのボイコットの後、多くの人たちが私を励ましてくださるのですが、そのときに「4年後頑張ってくださいね」と、この言葉を聞くのが非常に辛かったです。一般の人から見ると4年間待っていればオリンピックは来るんです。パラリンピックは来るんです。でも選手にとっては一日一日、身を削るような思いをして、自分の全人生をかけるくらいの気持ちでやって初めて出られるかどうかです。いろんな方が私を励まそうと思って言ってくださる「4年後頑張ってください」は、待つ4年間ではなく、一日一日の厳しい積み重ねの4年間です。そう考えたとき、その言葉には非常に抵抗がありました。ですから私はあえて「オリンピックのことは考えません」とマスコミで言うようにしましたし、考えなくしました。1年前になってから「よし、行くぞ」と考えました。そこまで自分のすべてをかけて取り組んできた人間じゃないとやはりオリンピックに出る資格はないんですね。

それからあと2つ話したいんですけど、モスクワ不参加が決まった翌日に、私は蟹挟（かにばさみ）という技で左足の腓骨を骨折しました。多くの新聞が一面で、日本で一番不幸な男、ベッドの上で涙に暮れているんじゃないかと書きました。実際の私はそうじゃなかったんですけどね。病院でギプスをして横たわっているときに変な声が聞こえてきたんです。人生の節目節目で私から見ると変な声、神の声かもしれませんが、「山下、お前は今までよく頑張ってきた。これまでお前の努力は全部報われてきた。でも人生の中には頑張っても自分の思い通りにならないこともあるんだ、そのことのほうが多いんだ。今はゆっくり休め。疲れた心を癒してゆっくり休め、そしてゆっくり休んだ後、柔道が自分にとってどういう意味を持つのかよく考えて、そこからスタートしていけばいいんだよ」と。腓骨というのは、下肢の極端に言えばなければ無いで日常生活に支障はない骨なんです。「ああ神様が俺の競技人生に影響のない骨を折って俺を休ませてくれた。そしてもう一回、自分にとって柔道がどういう意味があるのかということを考えさせてくれた。ああ、これは神様がくれたんだ」って、そう私は思っていましたし、今もそう思っています。

もう一つが、これは現在にも関係しますが、モスクワオリンピックでも西側の国の中にも国旗国歌を使わずに参加した国はたくさんありました。私は当時、日本の政府はスポーツに対して理解が無さすぎると思っていました。それから15年後くらいに日本にナショナルトレーニングセンターをつくるということで、衆議院の文教委員会に参考人として呼ばれて何で必要かということを議員の先生方に一生懸命訴えました。その後、議員の先生方から「山下君、ナショナルトレーニングセンターの必要性はよくわかった。でもなぜこれまで日本に無かったのだろうか」と言われ、私は、大変な言葉を発してしまったんです。「政治家の先生方は票にならないことに関して関心があまりないと思います」と。場の雰囲気が一気に変わりました。野党も与党も。終わった後、今の衆議院の議長、当時の大島理森文教委員長に大きな声で「山下君」と呼ばれて、「我々政治家は票にならなくても本当に必要なことはやるんだ、そういった考え方はやめてくれ」と言われて「すみませんでした」と。なぜこんな話をするかというと、私のその考えは間違いであったとその後気づいたからです。これは、スポーツ界が、〝なぜ国民の生活の中にスポーツが必要なのか〟、あるいは〝国際大会で日本選手が活躍することがどういう意味があるのか〟など、我々スポーツ界がスポーツの価値や意義を政治家の先生をはじめ、世間に伝えてこなかったことに問題があると気づきました。そしてその考えはJOCの会長である今も同じです。チャンピオンスポーツだけでなく草の根のグラスルーツのスポーツも含めて子どもからお年寄りまで、そしてさまざまな障がいのある人も含めた意味でのスポーツの価値や意義を我々がしっかり認識して、発信して、多くの方々に理解してもらう。その努力はまだまだ足りないですが、これからはそれが必要だろうと思います。

柔道家、組織人としての役割

――スポーツ界では不祥事が相次ぎ、透明性が求められていますが、JOC会長就任後、これまで人事案件等を除いて原則公開としていた理事会を非公開とされました。批判も覚悟だったでしょう

が、どのような思いで非公開にされたのでしょうか？

実は、2013年にJOCの理事になり、なって間もなく、いろんな専門委員会、専門部会では、非常に活発な議論がされて本音で前向きな議論がされるのですが、理事会は非常に形式的になっていると感じました。ですから理事になって1年過ぎたあたりから、専門委員会、専門部会ではこんなに活発な議論ができているのに、なぜ、意見交換が少ない理事会になるんですかと聞くと、多くの人が理事会を公開しているからだと言いました。では、公開したらなんでそうなるんですかと聞くと、関係団体との議論中のことを公の場で話しできないだろう、まだ決めてないことの話をして公になったらJOCは信頼されなくなる、だから理事会では形式的な話の場にならざるを得ないと言われました。では、非公開にすればいいじゃないですかと言ったら、それはマスコミとの協議が必要だと言われました。JOCを含めてこれから日本のスポーツ界は変わっていかなくてはいけない。普通の当たり前の組織にしていかないといけない。そうであれば、本音の議論を抜きにしてJOCの改革はできません。ですから15年くらい前から理事会を非公開にすべきだと言ってきました。マスコミの方々にはご理解いただくとともに少し時間をいただきたい。2年3年待っていただいて、JOCが本当に自ら変わろうとしているのか、開かれた組織か、そしてさまざまなスポーツ界が抱える問題、社会的な問題に取り組んでいこうとしているかどうか。その場での評価ではなくて、3年、5年、10年後に本当の評価が定まると思っています。そういう意味でいうと、私はたたかれるのを覚悟の上で決めました。ただ、これは多くの方の、理事の方々の総意であったと思っております。ここまでしゃべったのは初めてです。

――山下さんならではの決断だと思うのですが、手応えはいかがでしょうか？

全く変わりました。これまで正確な資料を配布するために、当日まで事務局が確認し、当日に配布していました。報告事項について、すごく時間が割かれていました。そして決議事項に関しての議論に時間がほとんどありませんでした。今は、資料を事前配布することとし、報告事項の説明を必要最小限に減らし、さまざまな決議事項に対する忌憚のない意見が出るようになりました。私の議事の運営はまだまだ改善しないといけないところはありますが、かなり本音の議論になっていることは間違いないと思っています。でも議論することに本当の意味はないんですね。そこで何を決めて、それをどう行動に移して、行動したことによって何がどう変わったか。ですからそこはもう少しお時間いただきたい。

それからもう一つ、スポーツ団体ガバナンスコード。スポーツ団体にとって、非常に必要な部分と、かなりハードルが高い部分もございます。しかし、開かれた当たり前の組織にしていかなくてはいけない。それを審査する立場のJOCが自ら変わっていくべきで、スポーツ界の範を示そうということで、理事選考のあり方を抜本的に見直しました。やはり世間に対してスポーツ界が特別な「ムラ社会」ではなくて、開かれた社会だということを理解してもらえるようになるのではと。もともと多くの団体では多くの方々がボランティアで、そのスポーツを愛して、貴重な時間を割かれて取り組んでこられたのですが、今はＪＯＣはじめ多くのスポーツ団体でたくさんの公のお金を選手強化費としていただいたり、多くのスポンサー企業からご支援いただいたりしています。先人のボランティアの精神は大切にしていかないといけませんが、特別の社会ではなくて、開かれた透明性の高い社会にというのはこれから必須であろうと思っています。ＪＯＣが範を示すことによって、各競技団体だけでなく、スポーツ界全体がそういう方向に動いていくことを期待する次第です。

――これからのスポーツ界にとって、ＪＯＣ会長であり、ＩＯＣ委員、全柔連会長でもあるご自身はどのような役割を求められているとお考えでしょうか？

２０１３年の柔道界でのさまざまな不祥事があるまでは、一全日本柔道連盟の理事として関わっていました。それが全柔連の抜本的な改革で執行部、理事、評議員の大半が退陣する中、宗岡正二新会長の下でたった一人の副会長として学び、その後、全柔連会長、ＪＯＣ選手強化本部長になりました。柔道界を含めてスポーツ界はこれまで、計画的に人材を育成してこなかったと感じています。ですからＪＯＣの会長としても次の時代のスポーツ界を担うリーダーを、当然一人ではなく多くの人たちを育てる。それが我々にとって一番大事な役割であろうと思っています。我々がスポーツの価値を認識して、その価値をさらに高めていき、スポーツ界全体でそれを共有しながら世間の多くの人たちにその価値を理解してもらうことも大事だろうと思っています。

――柔道を通した人間教育である「柔道ルネッサンス」や山下さんが創設された柔道普及を通した国際的な相互理解の取り組み「柔道ソリダリティ」はまさに画期的な取り組みだったと思います。今後、柔道家としてはどのような取り組みをお考えですか?

柔道ルネッサンスはわかりやすく言いますと、柔道創始者嘉納治五郎師範の理想の原点に立ち返り、勝ち負けだけじゃない、人づくり、人間教育の柔道界を目指していこうという活動です。私自身は小さい頃、すごく悪かったんです。周りにものすごく迷惑をかけていました。ロサンゼルス大会で優勝して郷里の熊本に帰ったときに小学校時代の同級生が集まってお祝いの会を開いてくれ、そこでいただいた表彰状に、「あなたは小学校で類まれなる体を持て余して、我々同級生に多大な迷惑をかけた。しかし今回のあなたのオリンピックでの活躍はそういったものをすべて吹き飛ばす、そういった価値のあるものだ。我々同級生はあなたに永遠の友情を約束する」と書かれていました。これは私の一番の宝物です。何が言いたいか、そんな私が柔道と出合って非常に素晴らしい師匠と出会い、変わっていったんです。それが原点なんです。

多くのスポーツ現場で子どもたちを指導する人たちは、スポーツは人づくりだ、人間教育だと思っている方たちが多いです。ただ一方、結果を出すことに周りが評価する、そこだけを求める。しかし嘉納先生が目指した体育の振興、スポーツの普及というのは勝ち負けだけじゃなく、健全精神、あるいはより丈夫な体を持つ国民を育てていきたいというのがあったと思います。ですからいま、スポーツを通した人間教育、これはぜひこれから私の活動の中心にしていきたいと思っています。

また、国際交流というのは私にとってやはり柔道家として大事だと思います。去年の8月にはJICA（国際協力機構）の北岡伸一理事長と、JICAとJOCとの協力協定を結びました。スポーツが人と人とをつなぐ国際交流に関わると、関わった人たちが自分のスポーツをやっていて良かった、スポーツって本当に価値があるんだと感じますし、スポーツで国境、宗教、人種、思想を超えたつながりができます。そのために我々十分な資金があるわけではないですが、全柔連会長、あるいは柔道ソリダリティの理事長としてやってきた活動を今度はJOC会長として日本のスポーツ界の多くの人や、関係者の人たちと協力しながら進めていきたいと思っています。さまざまな違いを抱えた人たちが集まり、一つのルールの下で交流しながらお互いを知る異文化交流が相互理解につながり、平和につながる。日本オリンピック委員会としての大事な部分だと思います。

スポーツが果たすべき役割とは

――「する・みる・支える」さまざまな面で、国民に元気を与える存在であるためにはスポーツ界は何をしていくべきだとお考えでしょうか？

スポーツの価値を高めるときにやはり、日本のスポーツ界が世界の中で輝き続ける。このことは極めて大事だろうと思います。サッカーやラグビーの選手たちが素晴らしい社会貢献活動をされています。彼らが目指しているのは世界の頂点なんです。やはり、上に行くことと社会貢献、グラスルーツを広げること、全部つながっているんです。ただ、勝ってなんぼではなく、結果がすべてで

2023年2月のパリ柔道グランドスラムの表彰式にて。国際柔道連盟執行委員、IOC委員として国際舞台で活動を行う山下泰裕氏（写真左端）　写真：Getty Images

はなく、結果を残してもその人がその後やっちゃいけないことをしたら逆にマイナスが大きくなる。そういうことを心に留めながら、いつになっても国民の皆さんが日本のスポーツ選手、プロアマ問わず、オリンピック競技であるなしにかかわらず、胸を躍らせてワクワクさせて手に汗握りながら必死になって応援している、そしてそれが国民の多くの人に夢やエネルギーを与える。そうなっていけるためにはさまざまな方々の御理解が必要であり、理解を得られるような、応援されるにふさわしいような団体になっていくことがＪＯＣとしても極めて大事だと思っております。

――現在夢を持てない子どもが増えているという話もあります。教育者としてそういった状況をどうお感じでしょうか？

子どもたちが夢を持てないのは、子どもたちのせいではなく、我々大人の責任だと思います。私はやはり子どもたちが瞳を輝かせて明るい笑顔で夢を持って生きていく日本社会になっていかなくてはいけない、それをつくるのは我々すべての大人の責任だと思っています。夢を持つことの大切さ、夢の力、それを我々大人が子どもたちに伝えなかったら、どうしたら子どもたちが夢を持てますか。夢は持つだけでいい、無理に努力なんてしなくていいと思っています。持ち続けていると人間は自然と意識しなくてもその方向を向いて努力し始めると考えています。少なくとも、スポーツや芸術・文化はそれらに取り組んでいける切り口だと思います。中学時代の恩師は、「柔道と日常生活はつながっている。柔道でみんなが大事にしていることは普段の生活でも大事にしなさい」と私たちに常に言い続けていました。我々にとって一番大事な精神、フェアプレイ、スポーツパーソンシップ、戦い相手に対するリスペクトです。スポーツ界でできることはわずかでも、スポーツをやっている子どもたちは目が輝いて、笑顔で、夢を持って、そして相手を思いやって、ルールを守って、強い弱い、上手下手ではなく伝えていきたいと思います。

［2021年5月21日にインタビュー］

Sport Frontier Interview

10

JOCの立場で経験した東京2020大会の成果と課題、その生かし方

福井 烈

日本テニス協会専務理事
※インタビュー時は日本オリンピック委員会専務理事、東京2020大会選手団長

元プロテニスプレーヤーで、現在は日本テニス協会専務理事の福井烈さんは2019年、日本オリンピック委員会（JOC）専務理事に就任。東京2020オリンピックでは日本代表選手団団長として選手団を牽引されました。新型コロナウイルスの世界的な流行により、無観客で開催された大会を通して得たもの、前代未聞の難しい局面でどうふるまえばよいのかという経験を通し、今後のスポーツ界、テニス界の展望を話していただきました。また、自身のテニスを通じて得た学びにも触れていただきました。

（聞き手／文＝高樹ミナ）

東京2020大会で見えた4つの成果と課題

――日本代表選手団の団長として参加された2021年夏の東京オリンピックをどのように振り返られますか？

世界中のどの国も経験したことがないコロナ禍での開催でした。この事実を踏まえた上で成果が4つ、課題が4つ挙げられると思います。成果の1つ目は、国と東京都をはじめ大会組織委員会、JOC（日本オリンピック委員会）といった関係団体の連携、そして何より多くの国民の皆さんのご理解があって開催できた大会だと思っています。2つ目の成果は、日本代表選手団のアスリート、スタッフ、指導者も含めて皆が夢に向かって挑戦できる環境をいただけたことですね。3つ目は、

競技の枠を越えて強化を進める必要があると福井氏は語る

開催国の選手団として誇りと責任を胸に心ひとつに臨めたこと。そして4つ目は、アスリート側から世界の人々に向けて多くのことを伝えることができたと思っています。

――例えばどんなことでしょう？

相手に対する敬意であったり、互いに高みを目指しながらライバル同士が競い合う姿もそうです。コロナ禍で制限の多い中にあっても、最後の最後まで諦めずに全力で戦うアスリートたちの姿から、さまざまなことを感じ取っていただけたのではないでしょうか。

――課題もお聞かせください。

課題の1つ目は、アスリートと指導者の自主自律です。想定外のことばかりだった大会を通じて、受け身でなく自ら判断し臨機応変にどう対応できるか。そうした自主自律の必要性を強く感じました。そして2つ目はアスリートと指導者のメンタル面の重要性です。いかなる状況でもメンタルが充実していないと頑張れませんし気力が湧きません。これまで以上にメンタル面に意識を向けていく必要があると痛感しました。3つ目は監督や強化責任者に求められる行動特性＝コンピテンシーの問題。能力の高いアスリートたちをいかに引っ張っていくかという点で課題が見つかったように思います。そして4つ目は新しいスポーツ文化をもっと認識しなければいけないということです。

——東京2020オリンピックでは4つの新競技が採用されましたね。

その中でもスケートボードでは非常に若い選手たちが目覚ましい活躍を見せてくれました。従来のスポーツによくある「打倒○○」とか「○○選手に絶対勝つんだ」というモチベーションとは別に「互いに高め合い、競い合い、称え合う」というような考え方を象徴するシーンが数多く見られました。そうした新しいスポーツ文化についても、これからの指導者は深く理解していかなくてはならないと思いましたね。

——日本代表選手団は金メダル27個、銀メダル14個、銅メダル17個で合計58個のメダルを獲得。メダルの総獲得数に加え入賞者数でも過去最高を更新しました。この結果をどう受け止められましたか？

メダルの数以上に団長として一番気になっていたのは、とにかく最後まで全員が無事に競技を終えること。正直に言って、そちらのほうが気になっていました。その中でメダルの数はご存じの通りですが、入賞者数が136種目に上ったのは本当に驚異的な数字です。これは競技団体の皆さんが自国開催の大会に向けて死に物狂いで強化に取り組まれた成果だと感じています。

——その一方でオリンピックそのもののあり方について、さまざまな議論がありました。

そうですね。私としては今大会に携わる中で、オリンピックはアスリートにとってもスポンサーを含めた関係者にとっても、観客や開催国の国民の皆さんにとっても「三方良し」の大会であることが大事だと思っていました。コロナ禍での開催だったからこそ新しい発見もたくさんありました。例えば無観客開催で競技は映像でしか見られなかったわけですが、進化した技術によって、映像だけでも競技の素晴らしさや魅力といったものが伝わったのではないでしょうか。今大会の経験を生かし必要なものと必要でないものを一つ一つあらためて精査して、大会のスリム化も含めた新しい「三方良し」のオリンピックを形づくる。東京2020大会はそうした契機になっていくのではないかと期待しているところです。

コロナ禍で生まれた新しい様式とその活用

——選手村は外界との接触が遮断される「バブル方式」が徹底されるなど、従来の大会とは雰囲気

が違ったと思いますが、印象深い光景や出来事はありましたか？

選手は出場競技が始まる5日前から入村でき、競技終了後48時間以内に選手村を離れなくてはならないというルールが設けられました。そのおかげで選手村の空間に余裕ができたというか、密になる心配もなく快適に過ごせると感じました。例えば従来の大会であれば、夕食時の食堂にはものすごい長い列ができて混み合うのが当たり前だったのが、今回はそれほど並ばずに利用できました。食事も最高に美味しかったですよ。日本食、アジア、ワールド、ベジタリアン、ハラールまで、たくさんの種類に分かれていて。日本食は外国人選手にもとても人気がありました。

――居住棟で世界のアスリートたちがどんなふうに過ごしていたのか興味があります。

居住棟は各国別に分かれていて、それぞれに工夫し軽い食事が取れるスペースやトレーニングスペースなど用途を決めて利用していましたね。コロナ禍での選手村のありようをきっかけに、今後の選手村は居住棟も含めて「選手村の外に出ることなく、中ですべて完結させる」といった考え方に基づいたデザインに変わってくるのではないかなと思っています。また、これまでにはなかったこととして、選手村では毎日ＰＣＲ検査が行われていましたから、選手村の中にある検査場に各国が選手団全員の検査キットをまとめて持って行きました。その手続きも初めのうちは手間取って行列ができてしまったこともありましたが、徐々に改善されてスムーズな受け渡しができるようになりました。

東京2020大会では競技中にも互いに称え合うシーンが多く見られた。写真はスケートボード・ストリート金の堀米雄斗選手と銅のジャガー・イートン選手　写真：Getty Images

――コロナ禍の大会開催では、SNS上で選手が誹謗中傷されるといった問題もクローズアップされました。選手の身近にいた福井さんも心を痛められたのではないですか？

選手個人への誹謗中傷というのは、最大限のパフォーマンスを発揮するためにその選手が積み重ねてきた数年間にわたる努力を侮辱する行為であり、断じて許されることではありません。JOCとしてもこうした問題を重く見て、公式SNSなどに寄せられるメッセージを記録し、モニタリングチームが内容を確認するというプロセスを踏み、状況によっては関係機関と随時連携していける体制をとっていました。SNSは今や多くの皆さんが活用しているツールです。今回JOCも国民の皆さんの応援を選手に届けたり、子どもたちによる金メダリストへのインタビューなど、公式ホームページや公式SNSを活用して積極的な情報発信をしました。その結果、ＳＮＳを活用した企画で「選手をより身近に感じることができた」といった感想を寄せてくださる方もいらっしゃいました。こうした有用なツールをネガティブな行為に利用するのでなく、より良い方向に発展させていってほしいと願っています。

組織の「潤滑油」になろうと覚悟を決めて

――福井さんは２０１９年、山下泰裕さんのＪＯＣ会長就任に伴い専務理事になられました。東京２０２０大会を控えた重要なタイミングだったと思いますが、引き受けられた経緯をお聞かせ願えますか？

山下さんは日本のスポーツ界を代表する人物のお一人で、素晴らしい人間性を持った方です。彼とは幼馴染といいますか、年齢も同じでして。出身も彼は熊本県、私は福岡県ですから、競技こそ柔道とテニスで違いましたが、中学生の頃から同じニュースで取り上げてもらったりして、ご縁があったんです。山下さんもそうですが、ＪＯＣや競技団体にはものすごく情熱を持った方が多くて、その顔ぶれが一つにまとまったときというのは信じられないくらいの力が発揮されます。それを知っているからこそ専務理事就任の要請をいただいたときには、関係組織同士の歯車がうまく噛み合いスムーズに回るような「潤滑油」になっていくことが自分自身の仕事になると覚悟を決め、お引き受けした記憶があります。

――近年のスポーツ界にはインテグリティ、ガバナンス、ジェンダー平等といった数々の課題があります。福井さんもそれらの解決に向けて汗をかいてこられたと思いますが、いかがでしょう？

スポーツ庁が策定したガバナンスコード（※1）に完全適合する組織づくりに、統括団体であるJOCがどの競技団体よりも早く取り組む必要があるということで、山下会長の指示のもとでやらせていただきました。定年制や連続10年以上となる役員の交代、女性理事や外部理事の登用など、そういった一つ一つをクリアしてきました。今後も取り組みを進める中で良い効果が出てくることもあれば、多少のマイナーチェンジを迫られるような場面も出てくるかもしれません。いずれにせよ次の世代の人たちに「あの改革が最初の一歩だったんだな」と思ってもらえたらうれしいですね。

――少し視点を変えて海外の事例を見ますと、アメリカでは2019年6月にIOC（国際オリンピック委員会）とIPC（国際パラリンピック委員会）が統合され「USOPC」になりました。日本でも競技団体によってはオリンピック競技とパラリンピック競技を一本化している団体がいくつかありますが、東京2020大会を経験した日本のスポーツ界は今後どうなっていくのが良いとお考えでしょうか？

東京2020大会は山下さんのJOC会長就任時、「これからはオリパラ一体でやる」ということを明言されていましたし、スポーツ庁ができて以降、そうした一体的な取り組みが進んでいます。東京2020オリンピックに関して言うと、パラリンピック選手団は準備段階から河合純一団長と政府のコロナ関連対策会議をはじめ、本当にさまざまな場面でご一緒させていただき連携を続けてきました。現場としては今大会を契機に良い関係を構築できたと思っています。組織として統合するかどうかについては今後の協議によると思いますが、日本もオリパラ双方の連携が良い形で進んできているという実感があります。

テニスで学んだ「負けてたまるか精神」と「凡事徹底」

——福井さんはテニス界のスターでいらっしゃるわけですけれども、もともとテニスを始められたのはお兄さんの影響だったとか？

私自身、もとは野球少年だったんですが、7歳上の兄が高校生のときテニスと出合い、試合を見に行って面白そうだなと思ったんでしょうね。その影響を受けました。私は福岡県北九州市の門司というところで育ちました。門司は国際貿易港を抱える港町で外国との交流が盛んでしたから、テニスコートも当時としてはかなり充実して、テニスコミュニティがある程度出来上がっていたようです。そこで私も子ども向けのテニス教室に参加し、少し上手になると大人が相手をしてくれるようになって。今から思うと抜群の環境ですよね。日に日に上達していくのが自分自身にもわかり、試合でも勝てることが多くなって、テニスにはまっていったんだと思います。

——スポーツを通して学んだのはどんなことでしょう？

「負けてたまるか」という精神と「凡事徹底」この2つでしょうか。やはり負けず嫌いでいることは何事においても大切だと思うんです。見るからに負けず嫌いという人もいれば、その気持ちを決して見せないタイプもいるでしょうけれども、表現はどうあれ根本にある「負けたくない」という気持ちは大事にしていきたいという思いが今も強くあります。凡事徹底は選手として強くありたいと思い続ける中で学んだことです。

――ぜひ詳しくお聞かせください。

強くなるには何か特別な練習があるはずだと思い続け、私も現役時代にいろいろ試したんですが、結局そんなものは存在しない。近道はないんですね。当たり前にやるべきことを繰り返していくしか強くなる方法はないんです。僕らが子どもの頃と比べると、確かにトレーニング設備やフィジカルトレーニングの質が高くなって、メンタルにも意識が向けられるようになりました。一見、様変わりしたような印象もありますけれども、根本的にやっている練習方法は大きく変わっていません。強くなるのに近道はなく、何事も凡事徹底。そのあたりの学びが一番大きかったでしょうかね。

――男子テニス界は欧米の選手が席巻する中、日本勢は福井さんが引退された後、松岡修造さんや錦織圭選手らが世界の舞台で活躍してきましたが、日本男子テニス界の競技力を福井さんはどうご覧になっていますか？

私の先輩にも神和住純さんや坂井利郎さんなど活躍されたスターがいて、テニスは日本でも広く普及しました。我々の時代は恵まれていて、国内でもたくさんのプロの試合があり、1年の半分は日本の大会に出て、残りの半分は海外の大会に出るといった生活でした。しかし、それが世界になかなか追いつけない一因になっていたところもあったように思います。それを打ち破ったのが松岡君で、彼は世界しか見ていなかった。日本の試合にはほとんど出ないスタイルで力をつけ、錦織君たちがそれに続いてくれました。日本人テニスプレーヤーの世界での活躍が本当に楽しみな時代になりましたね。

競技の枠を越えた強化の必要性

――プロテニスプレーヤーの目標には「グランドスラム」と呼ばれる4大タイトルがあるわけですが、その中でオリンピックは選手にとってどんな意味があるのでしょうか？

オリンピックも今や選手の大きな目標の一つになっているのは間違いないと思います。テニス界はプロ化が早く進んだためにオリンピックの正式競技から一時外れた経緯があり、1988年のソウル大会で復活しました。復活当時は手探りでトップ選手が出ていなかった時期もありました。それが今では多くのトップ選手が出場していますよね。オリンピックはテニスをよく知らない方も見るわけですし、賞金やランキングとは異なる価値基準で、それぞれの選手が挑戦しているのではないかと思います。

——東京2020オリンピックにも世界のトップランカーが出場しましたね。

そうでしたね。少し前の話になりますが、オリンピックのシングルスで金メダルを取れなかったロジャー・フェデラー（※2）が、2008年の北京オリンピックにダブルスで出場して金メダルを獲得しているんですよ。あのフェデラーがダブルスに出場するというだけでもトッププレーヤーのオリンピックへの強い思いがわかるような気がしませんか？

——福井さんは現役引退後、テニスの楽しさを広く伝える活動にも取り組まれていましたね。

テニスに触れて、より多くの方に楽しく汗をかいてもらうことでスポーツの楽しさを感じていただきたいという思いで、全国47都道府県を回らせていただきました。スポーツって、ルールに守られていますよね。ルールを破ったら負けですから、ルールの中でどうやれば勝てるかを必死に考えて実践するわけです。その考え方はまさに世の中にも通じることですよね。そういったことを子どもたちに体験として伝える活動をこれからも続けていけたらと思っています。

——今後、ご自身の活動を通して次世代に伝えていきたいことを教えていただけますか？

これまでの活動を通じて、異種競技の交流は本当に大事だと痛感しています。1競技だけが強くなって盛り上がるのでなく、これからは競技の枠を越えてスクラムを組み強くしていく時代です。それを形にしていくことを目指し、これまで培ったたくさんの方々とのつながりを大切にして、スポーツ界に恩返しができたらいいと思っています。さしあたっては東京2020大会の貴重な経験を多方面に発信していくこと。各競技団体、スポーツ関係者、スポーツをあまりやったことのない方に向けても、大会に携わった1人として皆さんの頑張りや苦労といったことも含め発信を続けていきたいと思います。

［2022年1月20日にインタビュー］

※1…スポーツ庁が策定したガバナンスコード：正式名称は「スポーツ団体ガバナンスコード」。スポーツ界の透明性、公平・公正性の向上を目的とした各種スポーツ団体の共通指針として、スポーツ庁が2019年に策定。中央競技団体（NF）向けと一般スポーツ団体向けがある。ガバナンスは「組織統治」の意味。

※2…ロジャー・フェデラー：スイス・バーゼル出身の男子プロテニス選手。1981年8月8日生まれ。元世界ランキング1位で40歳の今も現役で活躍する。グランドスラム優勝回数20回は歴代2位タイ記録。史上6人目のキャリア・グランドスラム達成などテニス界の〝生けるレジェンド〟と呼ばれる。2008年北京オリンピック男子ダブルス金メダル、2012年ロンドンオリンピック男子シングルス銀メダル。

Sport Frontier Interview

11

着実に進むパラスポーツを通じた共生社会の実現

河合純一

日本パラリンピック委員会委員長
※パラリンピック競泳金メダリスト

日本パラリンピック委員会（ＪＰＣ）委員長の河合純一さんはパラリンピック6大会に出場、金メダル5個を含む21個のメダルを獲得したレジェンド。東京２０２０パラリンピックでは日本代表選手団団長として参加されました。大会開催を通した日本のパラスポーツの発展や障がいへの理解の促進、ユニバーサルデザインの普及など、障がいがある人もない人も誰にとっても、暮らしやすく生きやすい共生社会の実現に向けた取り組みを熱く語っていただきました。

（聞き手／文＝高樹ミナ）

共生社会実現のための3つのステップ

——河合さんは東京のオリンピック・パラリンピック招致に２０１６年大会から関わってこられました。２０２１年夏、実際に大会が開催されて感慨もひとしおだったと思います。

２０１６年大会の招致はリオデジャネイロに負けてしまって、そこから再起し新たなスタートを切り２０２０年の招致が決まりました。開催が決まってからは東京大会に向けてパラスポーツの所管が厚生労働省から文部科学省に移ったり、スポーツ庁ができたりと激動の12年に関わらせていただきました。コロナ禍で大会は1年延期になりましたけれども、無事に開催できたことにありがたいなという気持ちが強かったです。また、その中で選手たちが活躍してくれたこと、それを多くの皆さんが見てくださったこと、そして前向きなコメントや感想をたくさんいただけたことが、さらにありがたかったですね。

――東京2020大会組織委員会が掲げた「多様性と調和」、日本パラスポーツ協会（JPSA）が掲げた「共生社会の実現」といったビジョンはどれくらい実現できたと思われますか？

そのあたりは究極的な目標に近いので、どちらかというと多くの人たちにパラリンピックを見て、知ってもらうという段階を割と達成できたのかなと思っています。共生社会を実現するには3つのステップがあると考えます。まず、共生社会やパラリンピックについて「知る」という段階。次に、それを実現するための「アクションを起こす」というステップ。そして3つ目は、そうしたアクションが日常化し、皆が自然体で実践できる状態になること。つまり「共生社会」とか「バリアフリー」といった言葉自体が必要なくなるということですね。3つ目のステップまでを見据えると、まだまだスタートラインに立ったところかなと思いますが、これまではそうしたことに目が向きにくかったわが国で、多くの皆さんがパラリンピックを見てくださり、選手たちの活躍を知っていただけたことが何かの気づきになったはずです。

――そうお感じになった理由は具体的にありますか？

例えば、大会ボランティアスタッフ（フィールドキャスト）として大会に協力してくださった方々から、「勤務先の企業でも多様性についてもっと考え方を広めていったほうがいいと思った」というような感想がたくさん聞かれました。多様性という難しい言葉でなくても、「自分が自分らしく生きていくことって、当たり前なんだよな」と感じてもらえたことは大きな一歩だったと思います。

オリンピックとパラリンピック一体の東京2020大会

――大会後の調査では「オリンピックをやって良かった」と思われる方は6割程度。これに対し、「パラリンピックをやって良かった」という回答は7割に上ったというデータがあります。この数字をどう捉えていますか？

本当にありがたいことだなと思います。と言いますのも、国内のパラスポーツ振興を統括する日本パラスポーツ協会でも大会の前後、国民の皆さんに向けた意識調査をインターネットで行ったところ、9月の閉幕直後の調査でオリンピックを開会式や競技含め観戦した人はだいたい6割くらいでした。それに対して、パラリンピックをテレビやインターネットで観戦した人は5割ほど。つまり「やって良かった」と回答した人の割合を併せて考えると、パラリンピックは観戦しなかった人も含めて「やって良かった」と感じてもらえたことになります。

――テレビ放映やインターネット配信も豊富でしたね。

2016年にはパラリンピック殿堂に日本から初めて選ばれた河合純一氏（写真後列右端）
写真：Getty Images

東京２０２０大会のテレビ放送時間はオリンピックが１５００時間程度、パラリンピックは５４０時間程度で、これはロンドン２０１２大会の12倍に相当するんです。東京２０２０大会の開催が決まった当初から関係各所が「パラリンピックの成功なくして、東京大会の成功はない」とスローガンを掲げてくださっていて、そうした思いが多くの方に伝わった証ではないかと思います。

――コロナ禍という非常に難しい状況での開催は世界からも評価されました。

そうですね。私も海外の多くの選手団、パラアスリートや競技関係者の皆さんから、「このコロナ禍の大変な時期に日本でなければできなかった」「日本が開催してくれて本当に良かった」という感謝のメッセージをお預かりしました。厳しいご意見もいただいた大会でしたが、そういう声が多くあったことを伝え続けるのも私の役割だと認識しています。

――河合さんは選手としてもパラリンピックには何度も出場されていますが、東京2020大会が他大会と比べて優れていた点はどんなところでしたか？

オリンピックとパラリンピック双方の組織委員会を一体化し運営することを貫いたという点が素晴らしかったと思います。公式ピンバッジを作るにしても、オリンピックとパラリンピックのエンブレムを並べるのは、さまざまな理由から難しいんですね。それを成し遂げたこともそうですし、オリンピックの閉会式で組織委員会の橋本聖子会長がパラリンピックについて触れ、映像まで流していただきました。これはまさに日本がオリパラ一体でやっていくこと、さらにオリンピックとパラリンピックが互いの価値を高め合えるパートナーであることを示した瞬間だと感じました。

「またあの舞台で泳ぎたい」と思わせるパラリンピック

――河合さんはスイマーとしてパラリンピック6大会に出場され、金メダル5個を含む計21個ものメダルを獲得されたレジェンドです。そもそも水泳を始めたきっかけは何だったのですか？

もともと体を動かすのが好きな子どもでした。当時はいわゆる弱視で、今の全盲の状態と違い全く見えなくはなかったので、多少つまづいたり転んだりはあるにせよ、友達と仲良く元気に遊ぶ幼少期を過ごしました。その中で5歳の頃、周りのみんながスイミングスクールに通い出して、私も

2012年のロンドン大会まで6大会連続でパラリンピックに出場した河合純一氏は、金メダル5個を含む21個のメダルを獲得している　写真：Getty Images

入れてもらったというのがきっかけです。

――河合さんの世代の水泳のヒーローといえば、鈴木大地さんでしょうか？

私が中学1年生のときが1988年ソウルオリンピックで、まだギリギリ目が見えていたので、大地さんのレースはとても印象に残っています。そのことを大地さんにお会いするとよく話しますね。まさか大人になって一緒に仕事をすることになるとは夢にも思いもしませんでしたけどね。

――水泳の魅力と水泳から学んだことは何でしょう？

子どもの頃は記録が縮まるとコーチに褒めてもらえるのが喜びや楽しさでしたが、大人になってからも究極的にはやはり記録ですよね。タイムが100分の1秒速くなったことに、どれほどの価値があるのかといえば、水泳をやったことのない方にしてみれば取るに足りない、ごくわずかな時間差だと思います。でも、それを縮めるために時間をかけてトレーニングを重ねたり、さまざまな試行錯誤をしたり。そういう時間の尊さや、自分なりに自分だけの時間を獲得し速くなれた実感に面白さがあったんだろうと思います。

――6大会でメダル21個という偉業を成し遂げた原動力は何だったと思いますか?

パラリンピックに挑戦するということは世界一を目指すわけですから、他人に勝つという意識も当然ありますが、それ以上に自分のより良い泳ぎを出し切って勝ちたいというところに集約されていた気がしますね。それと世界のライバルたちと競い合えれば、日本の皆さんにもメディアを通じて注目していただけるし、大勢の観客が見ているプールで自分が4年間積み上げてきた成果を出し切れる楽しさもありました。「またあの最高の舞台で自分の泳ぎをしたい」というのがパラリンピックに向かう一番の原動力だったと思います。

目指すのは個性が生かし合える共生社会

――河合さんは教育者としての顔もお持ちで、1998年には母校の中学の教員になられましたね。

小学生の頃から学校の先生になるのが夢だったのです。公立の中学校って、地域に住んでいる子どもたちがみんな入ってくるので、ある意味、社会の縮図というか。卒業後に働く子もいれば、お医者さんや弁護士になる子、本当にさまざまな道を歩む子どもたちがいるわけです。年齢は一緒だけれども、進む道はさまざま。それこそがまさに社会の姿であり、そこでどう人と関わっていくか、同じ目標を持って集団としてどうあるべきかといったことを子どもたちに伝えていきたい、そう大学生の頃から思っていたんです。

――河合さんはよく社会のありようを「フルーツポンチ」に例えてお話しされますね。とても興味深いです。

果物がそれぞれに持つ個性をすりつぶして混ざり合う「ミックスジュース型」ではなくて、みかん、ぶどう、りんごなどそれぞれが持つ個性、食感、味や色合いを生かした状態で混ざり合った「フルーツポンチ型」こそが、共生社会として目指すべき方向性じゃないかなと考え、小学生向けの講演などで話していたのです。ただ、最近の小学生にはフルーツポンチという言葉自体が一般的ではないようで、ジェネレーションギャップを感じてます（笑）。

――東京2020大会を機に『I'mPOSSIBLE』と命名されたパラリンピック教育が始まりました。この取り組みは大会後も継続していってほしいですね。

そうですね。東京2020大会前の「パラリンピックを学ぼう」というステージから一歩進んで、「パラリンピックを通して学ぶ」というステージに入っています。共生社会をつくろうとか、誰もが自分らしくいられる社会をつくろうといったことを考えるためのヒントがパラリンピックにはたくさんあると思っています。誰もが創意工夫をすれば同じスタートラインに立つことができる。そうした価値感に子どもたちに気づいてもらえることが『I'mPOSSIBLE』の特長です。

――ネーミングも面白いですよね。

ちょっと見方を変えれば、「Impossible（不可能）は、「I」と「m」の間にアポストロフィ（'）を入れるだけで、「I' m POSSIBLE（わたしはできる）」になります。非常にシンボリックだなと思います。こうしたメッセージもうまく伝えながら、引き続きパラリンピックの持つ魅力や可能性をより伝わりやすい形で発信していきたいです。

地方におけるパラスポーツの環境整備が課題

――河合さんがJPCの委員長になられて丸2年。ここまで主にどんなことに取り組んでこられましたか？

東京2020大会に向けた取り組みと並行して、日本パラスポーツ協会の「2030年ビジョン」、ならびに、それを実現するためのJPC戦略計画を作り、5年後、10年後を見据えた到達目標を明示しながら、我々は何をなすべきかの議論を重ねてきました。世界を目指すパラアスリートの活躍を支援し、パラリンピック・ムーブメントを推進することをミッションに位置づけ、まずはパラリンピック・ムーブメントを国内で推進していくために日本パラリンピック委員会が牽引役となることなどを、これから進むべき道を多くの方々と共有できたことが大きな一歩だったかなと思っています。

――今後の課題をお聞かせください。

1つ目として、東京2020大会は競技力の強化や選手の発掘育成に関わる予算やヒューマンリソースを含め、東京という中央に集約される傾向が強かったと思いますが、地方はどうかというと、まだまだ道半ばです。また、パラリンピアンの約2割が、自治体などの公共スポーツ施設や民間の施設で利用拒否を受けた経験があるというデータもありますので、それをゼロにしようと訴えています。国とも連携しながら次の第3期スポーツ基本計画に盛り込めるよう働きかけ、地方や子どもたちの環境をより良くする取り組みを進めているところです。

――海外に目を向けてみますと、アメリカなどでオリンピック委員会とパラリンピック委員会の統合の動きが見られます。日本は今後、どうなっていくのが良いと河合さんはお考えですか?

私が認識しているだけで、オリンピック委員会とパラリンピック委員会が一緒になっているのは世界200近くある国のうち南アフリカ、アメリカ、オランダ、ノルウェーの4カ国だけです。我々が目指すゴールはあくまで「パラスポーツを通じて活力ある共生社会を実現すること」ですから、その一つのステップとして委員会同士を一緒にすることが必要なのかどうか、今後議論していけばいいという段階だと考えます。

――オリンピックとパラリンピックを一緒に開催すればいいのにという声もありますが、どう思われますか？

東京大会のように一体感を持って進めたり、エキシビションのような形で少しずつ融合したりするようなことはあってもいいと思います。ただし、ご存じのようにオリンピックは競技種目選定において、ものすごく熾烈な争いがあるわけで、ここにパラリンピックも加わるとなると、開催都市の負担がより一層増すことになります。開催都市への負担の増大がオリンピック・パラリンピック批判の的になっている現状もある中で、一朝一夕に一つにするというのはやはり難しいと思いますね。ただ、東京2020大会が示したオリパラ一体で開催する意識をこの先の大会に引き継ぎ、目指すべき方向を見失うことなく、ステップ・バイ・ステップでいい方向に進めていくことが必要です。それには、より多くの関係者の理解を得ていくことが大切なのかなと思っています。

誰もが自分らしくいられる共生社会をつくる側に

――パラアスリートの活躍によって、パラスポーツや共生社会に対して関心が高まる一方、障がいのある方々の中には「パラアスリートは特別な存在で自分たちとは違う」といったご意見もあるよ

東京2020パラリンピックの新競技・バドミントンで日本チームは9つのメダルを獲得。写真は女子ダブルス（WH1-WH2）金の里見紗季奈／山崎悠麻選手　写真：Getty Images

うです。**そうした意識の乖離を埋めるには、どんなアプローチが必要でしょう？**

確かに、それはよく話題に上ります。私が思うに、一般の国民の皆さんがオリンピック選手と同じなのかと聞かれたら違うことはわかっている話で、その「違い」を否定する必要はないということなのです。今回の東京２０２０大会では障がいのある当事者の皆さんも、約7割が「パラリンピックをやって良かった」という回答をアンケートで寄せてくださっています。過去の大会によっては「障がいに対する理解がむしろ逆行した」とか「パラリンピアンこそが障がい者であって、そうでない障がい者に対して能力主義的な考え方を助長した」という否定的な声も聞かれましたが、私たちはそれを過去大会の事例から学んでいたからこそ、メッセージの発し方を課題とし、さまざまな取り組みを通じて社会全体の意識を大きく転換できたのではないかと自負しています。

――例えばどんな取り組みがあったでしょう？

障がいのある方も大会ボランティアに応募できたり、公式グッズのデザインに指で触ってわかるものや見えやすい色合い、フォントを用いたりしました。競技会場やその周辺地域のアクセシビリティーの向上もそうです。東京2020大会に向けてユニバーサルタクシーや駅のホームドア、駅構内のエレベーターの設置が急速に増え、障がい者を含めたすべての人々にとって便利な街をつくるきっかけになりましたよね。それが伝わったからこそ、国民の7割に上る皆さんからパラリンピックを「やって良かった」と思っていただくまでになったのではないでしょうか。すれ違いはどこまで行ってもゼロにはならないかもしれませんが、誤解があるのであれば少しずつでも正していければいいなと思いますね。

――最後に東京2020大会のレガシーとして、河合さんが今後も伝え続けていきたいことは何でしょうか？

意識してパラリンピックを見たとか、大会運営に携わったとか、この時代を一緒に生きたという事実、そして皆さんの存在自体が私はレガシーだと思っています。人こそがレガシーで、その人の心に何らかの変化やマインドセット（思考パターンや固定化された価値観）を変える力があったの

東京2020大会の開催によってJPSAがビジョンとして掲げる「共生社会の実現」のスタートラインに立てたという

であれば、社会も必ず変わっていけるし、このレガシーは何十年も続いていくのだと思います。より良い社会、誰もが自分らしくいられる共生社会をつくっていく側に、1人でも多くの皆さんが立ってくださることを心から願っています。

［2022年2月7日にインタビュー］

東京オリンピック・パラリンピックのレガシーという価値を伝える

2022年4月に策定された『第3期スポーツ基本計画』は2026年までのスポーツ政策の方向性を示している。第2期で示された「する」「みる」「ささえる」の3つの視点を踏まえ、①スポーツを「つくる/はぐくみ」、②「あつまり」、スポーツを「ともに」行い、「つながり」を感じる、③スポーツに「誰もがアクセス」できるという新たな視点が示された。

「つくる/はぐくみ」という視点はわかりにくい。「社会の変化や状況に応じて、既存の仕組みにとらわれずに柔軟に対応する」姿勢が求められているという。社会情勢や個人的な状況に柔軟に対応し、スポーツに関心がない層、苦手な層をも取り込み、個人の状況に応じて誰もが参加できるスポーツを新たに「つくり」「はぐくみ」、さまざまな立場にある人たちが「あつまり」、「ともに」「つながり」「誰もがアクセス」できるスポーツ環境を整えるという意味か。2020年に発生した新型コロナウイルスの影響で史上初めて開催が1年延期され、なお続くコロナ禍のあおりで事実上「無観客」開催とせざるを得なかった東京2020大会が掲げた「共生社会の実現」に向けた意識の継承が底流にある。

大会組織委員会会長として厳しい批判のなかで舵取りに心を砕いた橋本聖子さん、国際オリンピック委員会(IOC)委員であり日本オリンピック委員会(JOC)会長の山下泰裕さんのインタビューは、コロナ禍に疲れた世論が開催できるのか、開催していいのかと批判が強まる状況下で行った。ふたりとも開催に強い意思で臨んでいた。そこには日本のスポーツ界が東京開催によって残していくべきレガシーへの拘りもあった。

東京2020大会は「全員が自己ベスト」「多様性と調和」「未来への継承」を基本コンセプトと

して、①スポーツと健康、②街づくり、③持続可能性、④文化、⑤教育、⑥経済・テクノロジー、⑦復興、⑧オールジャパンの世界発進という参画プログラムを掲げた。2030年がゴールとなる地球規模の持続可能な開発目標（SDGs）達成に向けた取り組みとして「Be better, together」を掲げ、①気候変動、②資源管理、③大気・水・緑・生物多様性等、④人権・労働・公正な事業慣行等、⑤参加・協同・情報発信の5分野で多くの重点施策も計画された。何ができて、何ができなかったのか。今後、何をするのか、検証は足りていない。

オリンピックの選手団長を務めた福井烈さん、パラリンピック選手団長の河合純一さんには大会終了後に話を聞いた。ふたりは選手たちの活躍を称え、スタッフ、ボランティアに感謝の意を表しながら、他方、課題を指摘している。福井さんはアスリートと指導者の自主性を掲げ、臨機応変の対応の難しさやメンタル面での課題、スポーツ文化への認識に言及。河合さんはパラリンピック、パラアスリートへの認識が高まったことを評価しながらも多様性、共生社会実現はまだスタートラインに立ったに過ぎないと語る。

スポーツ基本法制定から12年。宿題の「ジェンダー平等」や「女性参画」の現状はどうか、不祥事に対応する組織のガバナンスやインテグリティが問われて久しい。社会的課題に向き合い、日々進歩するIT（情報技術）活用やグローバル化も含めた人材育成は急務である。東京2020大会を踏まえた基本法改正へ、スポーツ界はいま、足元を固めるときである。

（副編集長・佐野慎輔）

5章

あらためて
スポーツの未来を考える

Sport Frontier
Interview

12

今の時代だからこそスポーツは重要な存在、期待されるスポーツの可能性

室伏広治

スポーツ庁長官
※東京2020大会組織委員会スポーツディレクター、オリンピック陸上金・銅メダリスト

2004年アテネオリンピック陸上競技ハンマー投げ金メダリストの室伏広治さんは、2020年10月からスポーツ庁長官としてスポーツ行政を牽引されています。招致活動の先頭に立った東京2020オリンピック・パラリンピックを終えて、これからの日本スポーツ界にどんな絵を描くのか、スポーツ界の課題や可能性など、長年世界のトップで活躍してこられたご自身の経験を踏まえた話が今後の政策遂行につながるでしょう。

(聞き手/文=櫻木瑶子)

東京2020大会のレガシーをどのように生かしていくか?

――東京2020大会が閉幕して約1年、今後にどうつながっていくか非常に重要です。4月から「第3期スポーツ基本計画」もスタート。ポスト東京2020として日本のスポーツが目指すべき姿、そして、どこに重点をおくべきとお考えでしょうか?

東京大会は残念ながらコロナ禍の中で行われ、多くの会場が無観客でした。本当は多くの方に見にきていただきたかったのですが、致し方ないところはあり、いずれコロナが収まったらまた海外からも多くの方に日本に来ていただきたいと思います。我々スポーツ庁としては東京大会に出場した選手のような競技力向上も力を入れておりますが、スポーツによる国民の健康増進や経済の活性化、子どもたちなど草の根のスポーツ環境の整備など、さまざまなところにあらためてしっかり力を入れ行きたいと考えています。暗いニュースが多い中で皆さんが元気で笑顔になるような取り組みをしたいと思っています。

――閉幕して1年ほどで体感的に変わったと感じることはありますか？

コロナの影響が大きいのが現実で、当初は残念ながらいろんなスポーツイベントがキャンセルや、無観客で行われたり、子どもたちもスポーツが一時的にはできなくなったりしました。また自粛期間中はあまり外に出ないようにという風潮もあり、その中で体力が落ちるなど健康二次被害も出ています。視察先で子どもたちに聞くと自粛期間の影響で体力が落ちてしまったという子どもがいるほど大変異常な事態だったわけです。それがゆえに日頃から運動に親しんで体力増進向けた取り組みをすることがいかに重要かあらためてわかったタイミングでもありました。

スポーツにおける課題解決へ、スポーツ庁の取り組みとは

――スポーツ庁に新たに地域スポーツ課が設置されましたがその意図は何でしょうか？

これまでは年代によって担当部署に分かれていましたが、スポーツ庁では幼少期から大学スポーツも含めたスポーツ振興の取り組みを一元化することを基本に、今まさに注目されている、学校部活動の地域連携・地域クラブ活動への移行による地域の持続可能で多様な環境の一体的な整備を含めて、取り組んでいるところです。

――部活動改革に関しては6月に有識者の運動部活動の地域移行に関する検討会から提言が出されました。指導者の確保や体制等はどうあるべきとお考えでしょうか。

指導者の確保は喫緊の課題です。これまで教師にほぼボランティアで担っていただいていた状況の改善や、何と言っても少子化で子どもたちが少なくなり、学校単位でチームを組めなかったり、大会参加が難しくなってしまったりという社会的な変化があります。こうした変化は今後も進むとみられ、地域の実情に応じながら、まずは土日の部活動を地域クラブ活動へ移行していこうと考えています。指導者をどう確保するか、場所をどうするかを既存のものも含めてあらゆる可能性を追求して実現するようにしていきたいと思います。部活動に〝引退〟という言葉がありますよね。引退してその後はやらないと。しかし、この改革は公立の中学校が中心ではありますが、地域が受け皿になってもらい、地域に根差して若い頃から歳をとっても生涯を通してスポーツに親しめるような環境をつくっていくという大きな目標のもとで、その中に部活動も入ってくると思います。

まず皆さんにご理解いただくことが大事なことですので、PTA含め各団体に丁寧に説明していきたいと思います。

――スポーツ産業振興はどう進められますか。基本計画でもスポーツの成長産業化やスポーツの市場規模15兆円の達成などが挙げられています。新事業の育成も重要になります。

スポーツ庁では、スポーツを核とした他産業との融合によって新事業が生まれるようにスポー

国民の健康増進や子どものスポーツ環境の整備にもスポーツ庁として力を入れていくという（写真はイメージ）　写真：Getty Images

ツオープンイノベーションプラットフォーム（ＳＯＩＰ）を立ち上げています。例えばマイナー競技で人気がないのをどうしたら良いかという課題を持つ競技団体に対し、企業などがノウハウなどを提供して一緒に取り組み、新たな財源を創出するなど、スポーツ団体などと企業や大学、研究機関など他産業と連携し新たな産業が生まれるようなプラットフォームです。

また、今一番力を入れているのはスタジアム・アリーナ改革です。これは政府の骨太方針にも組み込まれています。スタジアム・アリーナをできるだけ街の中心に設置して、スポーツ観戦のみを目的とした単一施設ではなく、商業施設など多機能を備えた人が集まる場所にし、自治体の経済が潤っていく経済地方創生の取り組みとしても力を入れています。２０２５年までに20拠点目指していますが、もっといろんな自治体の方に興味を持っていただいて、スポーツを核とした街づくりを進めていただき、経済活性化や交流人口の増加などにも貢献できるのではないかと期待しています。

競技スポーツやトップアスリートのみならず健康増進の面で多くの方が参画することによって裾野が広がり、健康的な思考になる。そこに産業が生まれると思いますし、多くの方が参画することで医療費削減にもつながる。ビジネスだけでなく健全な日本に貢献できるのがスポーツの良い一面でもあります。

――スポーツ界は、なかなか助成金がないと成り立っていかない面もあると思いますが、独自に財源を確保して振興発展して行くこともスポーツを持続可能にしていくためには重要ではないかと、思います。

競技団体は国からの補助が一部入ったりしていますが、自分たちでしっかり将来的なプラン・ビジョンを持ち、お金をできる限り自分たちでも集めていこうということが大切なところだと思います。そのためにはやはり多くのファンを獲得し、そのスポーツの素晴らしさをいかにして伝えていくか。また、当然メダリストが出ると注目されるので、強い選手をどう生み出していくかということと、そのスポーツを通しての健康増進の面で多くの人たちと密接につながるような取り組みやさまざまなマーケティングを含め、各団体が自分たちのスポーツの魅力をしっかりと引き伸ばして、それが収入源になっていくように、我々もそのための予算を組んで支援させていただいております。

好事例も少しずつ出てきていると思います。
障がい者スポーツも含め、みんなが自分たちでいいモデルを作って、また周りでも協力しながら発展して行くように我々も支援して行きたいと思っています。

スポーツの高潔性を守り伝えていく

——続いてスポーツの健全性について伺います。室伏さんはWADA（世界アンチ・ドーピング機構）とJADA（日本アンチ・ドーピング機構）のアスリート委員として、アンチ・ドーピング活動やスポーツの力・価値の普及をしてこられました。アンチ・ドーピングの意識啓発やスポーツの価値の普及をどのようにお考えですか？

世の中のあらゆるジャンルの中で、尿検査や血液検査をして本当に不正でなく自分の力でやったかどうかを試されるジャンルはスポーツ以外にないと思います。そのため、これを失ってしまってはスポーツの持つ誠実性・健全性・高潔性も含めたスポーツへの憧れや素晴らしさを失いかねません。こういったものは断固として許さないという姿勢だけではなく、教育の面も重要です。新しいWADAコードでは教育educatorというものを設置するように要請があります。教育は子どもからやるべきものです。ドーピングがなぜダメなのか漫画を使った面白いわかりやすい教材作りなどを日本が率先してやってきており、WADAの会議でも素晴らしいと評価され、こういう教材などを他の国でも使っていただけるように働きかけていくことも大切かなと思います。

――アスリートとしてオリンピアンとして、できることをどのようにお考えですか？

アスリートだと直接ドーピングの検査をし、そのような話を聞くことも現実にはあると思います。心技体のすべての調和によって高めたものを競技者として披露するわけですが、心が負けたり、自分に疑心を持ったりして違う道にそれないように、若いアスリートにもスポーツの高潔性も含めてフェアに競技することの大切さを伝えられるようしっかり取り組んでいきたいと思います。

個々の可能性を最大限生かすために

――室伏さんはハンマー投げのオリンピック金メダリストであり長く世界の舞台で活躍してこられましたが、世界で活躍できるアスリートになれた要因をどうお感じでしょうか？

やはり良い指導者に巡り会えたっていうことだと思います。私の場合は父（室伏重信氏：ハンマー投げアジア大会5連覇、日本選手権10連覇）が指導者でして、また、そのスポーツ・競技に向いた何らかの資質があったからだと思います。スポーツはそのスポーツに関係する必要な体力、体型、あとはセンス。センスというのは感覚ですね。私の場合、体型はすごく細く、体力体型はハンマー投げに向いていなかったのですが、回転をするセンスや動きが最初の頃は良くてハンマー投げをやっていました。磨き方によっては、自分の持ち味を最大限に生かすことにより、（世界での活躍が）実現できるのだと思います。

――子どもたちにとって、自分がどのような競技に向いているのか出合うのはなかなか難しいと思いますが、その子の可能性を遺憾なく発揮できるには、どのような幼少期の経験が重要でしょうか？

まずは発育発達に合わせた適切な運動をやっていく必要があると思います。保健体育の授業であるような「スキャモンの発育発達曲線（※1）」では体ができるのは18歳やそれ以降とされています。ただし神経系、体の動きとかそういうものは8、9、10歳あたりが一番発達していくということで、神経系のものは早い段階からいい動きを身につけさせる。悪い動きを身につけさせてしまうと厳しい状況になりますので、やはり正しい動きを若い頃に身につけていき、体ができたら今度は強化したりトレーニングの量をもっと増やしたりしていくことになります。今は指導者によっては比較的早くから体に負担、負荷をかけてしまい、そのときの成績は良いが途中で嫌になってしまったり、バーンアウトしてしまったりすることもあります。やはり適切な運動をやっていただく必要があるという意味では指導者が大事になってくると思いますね。

――指導者といえばアスリートといえばトップアスリートから指導をお願いされるという室伏さん独自のトレーニング法が話題となっています。

例えば新聞を丸めるトレーニングなど、ちょっとした身近なものでも握力を鍛えられる。これだと毎回形も変わってやらされている感がないですよね。

これが本当のトレーニングの姿だと思います。「同じ運動を何回やれ」「もう1セット頑張れ」など、それだとやらされているスポーツなってきてしまう。トレーニングの一番の問題は同じことを繰り返させること。だからちょっと体を鍛えるにしても毎回形が変わったり、即興でその場その場で対応しなきゃいけなかったりすると、より自らの感覚を使う割合が多くなると思います。これは一つの例ですがトレーニング一つとってもそういう意識であることが大事かなと思います。

――どうやってこういうトレーニングを思いつくのですか？

疲れ切っちゃって、疲れ切ってスランプになってどうしようかというときに編み出していますね。そこで怪我をしてやめてしまう人もいるでしょうけど、私はもうちょっとやれる方法があるのではないかと、こういうトレーニングを考えています。やはりその場その場で対応して考えるやり方のほうが毎回フレッシュに運動ができると思います。だって何十年も投げ続けると疲れそうな感じしませんか？　同じことを。それをどう感じさせないかっていうのが大事です。

人間が人間として生きていくためにスポーツは重要な存在

――日本のスポーツの未来について、アスリート、スポーツ庁長官そして大学教授などさまざまなお立場からの視点をお持ちだと思いますが、あらためましてご自身の役割や今の日本のスポーツの最優先課題は何でどのように取り組んでいこうとお考えでしょうか？

オリンピックでは2004年アテネ大会金、2012年ロンドン大会銅のメダルを獲得。日本選手権では大会史上最長の20連覇を達成している　写真：Getty Images

〝体を使って何かを行う〟ことが世の中少なくなってきました。昔は一次産業で田を耕すから始まって、私の長官室にも俵がありますが、重いものをひょいと持ち上げるなど仕事の中に体を動かす労働がありました。歩く歩数も昔の人は多かったと思います。けれども日本の体をつくってきた農業や水産業や林業などで体を使わなくなってくると何に置き換えられるか、というとスポーツです。スポーツが心と体のバランスをとるのにますます大きな役割となると思います。人間は頭で考えていることと動物的な感覚的に捉えてやること、両方持っている生き物です。あとはロジカルにものを考える人間的なところと両方合わせて人間だと思います。最近はロジカルにものを考えることが多くなってしまっている中で、体を使うことによって両方鍛えられるので、そういう観点でもスポーツはますます人間として生きて行く上でも重要なジャンルだと思います。

――日本のスポーツの未来のためにはスポーツ庁をはじめＪＳＰＯ（日本スポーツ協会）、ＪＯＣ（日本オリンピック委員会）、ＪＰＣ（日本パラリンピック委員会）、ＪＳＣ（日本スポーツ振興センター）、また、スポーツに携わるさまざまな組織の皆さんが一体となって取り組んでいく必要性があると思います。関係される皆さんにメッセージをぜひお願いできますか。

日本のスポーツの長い歴史の一つの節目として１９６４年の東京大会がありました。それ以降、さまざまなスポーツの団体が力をつけて競技スポーツのみならず日本の国民の健康増進も含めて皆さんと一緒にこれまでも取り組んでまいりました。東京２０２０大会はオリパラ一体の大会ということもありましたし、さらに多様なスポーツの形を再発見できた大会でした。スポーツはまだまだ発展途上中だと思います。今後ますます皆さんのお力添えをいただきまして、スポーツの可能性を皆さんと一緒に探求し、多くの方に感動していただけるスポーツ界になりますように皆さんと一緒に取り組んでまいりたいと思います。

［２０２２年7月6日にインタビュー］

※1…スキャモンの発育発達曲線：生まれてから20歳までの成長具合を一般型、神経型、生殖型、リンパ型の４種別に表した曲線グラフでどの機能が発育しやすい時期かなどの参考とされる。

Sport Frontier Interview

13

政治家だから
スポーツにできる貢献とは…

馳 浩

石川県知事
※インタビュー時は衆議院議員。元文部科学大臣

インタビュー当時衆議院議員でした元文部科学大臣の馳浩さんは、2022年3月から石川県知事を務められています。インタビューでは自らのスポーツ体験、レスリング競技で1984年ロサンゼルスオリンピックに出場後、プロレスラーに転向、さらに政治家転身についてお話を伺いました。なぜ国会議員としてスポーツ振興に力を注ぐのか、スポーツにとっての国会議員の役割、スポーツにとって法律の必要性とは何か、そしてスポーツと政治のあり方とは何か、馳さんの思いがこもった内容です。

（聞き手／文＝櫻木瑶子）

スポーツの価値感をメインに考えた

――馳さんが子どもの頃から、大学まで経験されたスポーツとの出合いを教えてください。

小学校4年生からスポーツ少年団の剣道に入れてもらいました。親がいろいろな体験をさせたいと入れてくれたのだと思います。中学校では剣道部に入りました。相撲が好きだったので中学2年生のときには相撲部にも入り、両方やっていました。高校に進学してレスリング部。本当は剣道部に入る予定でしたが、剣道部の道場が2階、レスリング部の道場が1階にあって1階の階段でうろちょろしていたら、レスリング部の先輩に捕まり、そのまま名前を書かされたというよくあるパターンです。自分の好きなことを思う存分やらせてくれて、やりたい、強くなりたいという思いに情報や指導を与えてくれるような環境でした。だから、よくある中学高校での部活動の燃え尽き症候群や、指導者からハラスメントを受けるということは1回もなかったですね。

——オリンピックはいつ頃から意識されていましたか？

大学は専修大学レスリング部。レスリングの特待生で行くことになっていたので、将来は大学を出てオリンピックを目指したいという意識を持っていて、高校の卒業アルバムに、1984年ロサンゼルスオリンピックを目指すと書いたのは覚えています。だからその4年後に本当に日本代表になって、ロス大会に出たときに、同級生から「お前アルバムに書いた通りになったな」って言われたのを思い出します。

——オリンピックに出場されたときは教員になられて1年目、でも翌年には教師を辞めてプロレスラーになられています。

オリンピック後の選択肢はいくつかありました。高校の教員になりたかったので、そのまま高校の教員を続ける。自衛隊から誘われていて自衛隊体育学校に行って次の1988年ソウル大会を目指す。大学院に進んで、将来は大学の教授を目指す。そしてもう一つが子どもの頃から好きだったプロレスラーです。学生時代に大学の先輩である長州力さんに「プロレスラーにしてください」って言ったら、ダメだと。「お前はそこそこ頭がいいらしいから高校の教員になって、いい選手育てて、そういう仕事のほうが向いている」と断られましたが、オリンピックに行った後、もう1回お願いしたら、「オリンピックに行くまで頑張ったんだから、プロとしてもそこそこできるだろう。じゃあ面倒見てやるよ」となったんですね。

——実際プロレスラーになってイメージとの違いなどはありましたか？

もうイメージ通りですよ。プロレスラー時代は毎日がオリンピック。本当に緊張感のある毎日でした。試合時間から逆算して朝起きて、ご飯食べてトレーニングして、試合前30分前くらいからコンセントレーションして試合で最高のパフォーマンスを見せて、終わったら酒飲みに行って洗濯してという緊張感の生活でした。ただ、何回か大きな事故や怪我をしました。脳内出血で心臓停止とか、脇腹を蹴られて肋骨が折れたとか、膝の靭帯は3回断裂していますね。そういう怪我をするたびに、もうやめようかなという部分とまだやり切っていないからやらなきゃなというそんなせめぎ合いでしたね。

——馳さんの人生は常に軸にスポーツがあると感じますが、人生を振り返ってスポーツがご自身に与えた影響をどうお感じですか？

私は国語の教員になりたかったので、大学に行って教員の免許を取れば道が開けると思っていました。ただ正直、大学に行ける家庭環境でなかった中で、高校の先生からスポーツで頑張ったら大学に授業料免除の特待生で行けることを教えてもらいました。教師になる夢を実現する手段としてスポーツを利用させてもらいました。そして大学を出て、オリンピックに行ったら、スポーツの価値観自体をメインに考えて仕事をすることも自分の人生に意味があるのではないかと感じました。プロレスラーとして世界中回りましたが、北朝鮮の平壌でプロレスの試合に連れて行ってもらったときに、スポーツを通じて外交や、国が動く瞬間に立ち会えたわけです。北朝鮮との国交は今でもありませんが、スポーツを通じてお互い理解し合うということが、大きな何かを動かす目的にもなるんだなと。そう思うと、スポーツの価値観をさらに深く考えるようになりました。

国会議員でないとできないスポーツ貢献がある

――政治家への転身はどのようなきっかけがあったのでしょうか？

北朝鮮に遠征した一週間後に自民党の当時幹事長だった森喜朗さんに参議院に出てみないって言われ、3秒で「私でよければ出ます」と答えました。「出ますよ」と言った瞬間に、「いやちょっと待て」と、家に帰って女房と相談してこいとか、ところでお前金持っているのかとか言われて、あそんなもんなのかなと思った程度。（政治は）外交が入り口でしたが、国政において、スポーツの果たす役割を何らかの形にできるのだろうと感じました。教員もしていたので、教育の世界でもスポーツの果たす役割は学校教育だけではないですし、地域スポーツもあり、トップレベルのアスリートの経験からもいろいろ貢献できる。プロレスもやっていましたから、プロスポーツによる振興も。政治の世界にスポーツの経験を生かしたり、スポーツの価値観を高めたりすることが大きな意味を持つのではないかということがだんだん形になっていったなと思いますね。

――政治家でないとできないなと思うことは？

議員立法ですよ。特にいつもご指導いただいている遠藤利明先生と一緒に1961年にできたスポーツ振興法を50年ぶりにスポーツ基本法として改正しました。スポーツ庁をつくるきっかけや、2回目のオリンピック招致のきっかけにもなりましたし、そういう議員立法、法律を作ることですね。アンチ・ドーピングの法律も超党派の議員立法で作りました。スポーツ振興投票法（ｔｏｔｏ法）を作ってスポーツ振興の財源を確保するとか、プロスポーツの振興をするとか、国会議員じゃなきゃできないスポーツ界への貢献ってあるのだなと思いましたね。

――馳さんが中心となって成立された議員立法は33本ということですが、法律には「議員立法」と「内閣提出法案」があります。そもそもの違いを教えてください。

政府の責任で提出する法律と、ある意味ではボトムアップで、今世の中がこうだから、こんな法律・国のルールが必要じゃないか、あるいは、各省庁の枠を超えて取り組むべき社会課題、虐待や過労死の問題などがあります。その一つにスポーツ基本法もあると思います。スポーツのためだけじゃなくて、外交にも資するし、教育にも資するし、健康療法と考えれば社会保障にもつながってくる。高齢者の介護の支援にもつながってきますから、省庁の枠を超えて、国民にとって重要な課

1995年４月に北朝鮮・平壌で開催されたプロレスの試合に参加してスポーツ外交で国が動くことを実感した　写真：週刊プロレス

題を議員立法で作ります。議員立法を作るときは当事者や専門性を持つ大学の先生や各省庁の専門性を持つ行政官から情報を得て、時には海外の情報もいただいて、日本らしい法律、日本らしいルール作りをしています。本当にやりがいのある国会議員としての仕事だし、国会議員じゃなきゃできない立法府の仕事だと思います。「憲法第41条 国会は国権の最高機関にして唯一の立法機関である」とあります。そう考えると、行政府である政府が必要と思う法律を審議して成立させることも大事だけども、立法府独自に企画をして調整して衆参で国民の代表である政治家が議論して成立させる議員立法の役割も極めて大きいと思います。

――スポーツに関して法律の必要性というのはどうお感じでしょうか。

なんとなく軍事教練の名残や教育的な意味合いが強かった体育や運動を若者から高齢者までみんなでスポーツを楽しみましょう、スポーツに親しみ、参加しましょうと「娯楽」として位置づけたのがスポーツ振興法です。50年ぶりにスポーツ基本法として見直したときに、スポーツには娯楽だけでなく、外交・地域開発・産業・文化・地域コミュニティ・避難所でのレクリエーションなどハード・ソフト両面から多様な価値観があることが加えられました。ラグビーのワールドカップが日本で行われたときに、パブリックビューイングや試合観戦後の交流など、いろんな国の皆さんと抱き合ったり叫んだり、応援するために〝集まる〟ということが一つの文化になったと思います。それはスポーツ基本法の中では〝支える〟という概念で書き込んでいます。支えるという概念は 国民に大きな喜びと団結心を与えたり、ホームタウン意識を生んだり、価値観をより一層膨らませることができたと思います。そういった相乗効果が好循環を生み出して、スポーツを支えるために税金やｔｏｔｏの小口寄付金、最近ではクラウドファンディングを使う意味があると理解されてきたと思います。

――そういう意味で法律を作るということは大切だと。

ルールがあるからこそお金の集め方もできるわけです。やはり、価値は法律によって具現化しないと、好きにスポーツをやっているんでしょで終わってしまってはエリアが狭くなってしまいます。

政治とスポーツの関わり方とは…

――度々批判の声が上がるスポーツの政治介入に対してはどうお感じでしょうか？

ダメでしょう。私がいちばんそれを意識したのが、モスクワオリンピックのボイコット騒動で、当時中学生なりに怒りを感じました。世界的にスポーツの価値観を共有しよう、スポーツを通じてお互い国と国が理解しようとしているときに、政治的問題で参加する、しないという駆け引きに使われては絶対にダメだなと。したがって政治権力がスポーツ界、スポーツ選手をないがしろにする、軽んじるのは絶対にダメだというのをあのときにわかりましたし、なんでもうちょっと選手たちが政治家や国に対して政府に対して抗議しないんだろうと思いました。もっと政治的発言をスポーツ団体や選手がしてもいいのになあと思いましたね。

――馳さんが出場されたロサンゼルスオリンピックもボイコットした国がありました。

東西冷戦時代で、いわゆるワルシャワ条約機構に加盟している国がほとんどボイコットしました。ただ唯一ルーマニアだけが参加したんです。あの、1976年モントリオール大会で活躍したナディア・コマネチ選手が当時OGとして参加していて、レストランで見たときに、ああ良かったなと思いましたよね。西側の象徴であるアメリカのロサンゼルスでルーマニアの選手団が来てナディア・コマネチ選手が食堂でみんなと一緒にご飯を食べている、その場に自分もいられるといったときに、こうでなきゃいけないなと実感しました。したがって国会議員になってからも、スポーツ政策には積極的に前のめりに関与していますが、スポーツ界の問題についてはできるだけちょっとサポートする立場に回って、あまり、自分がプレーヤーにはならないように気をつかっています。

――支える立場であるという意識が強くあるということですね。

政治が頑張って強化予算、運営予算、そしてガバナンスのルールを作って、その土俵の上でどうぞやってくださいと、こういう環境づくりをしないといけないと思います。私がロサンゼルスオリンピックに行ったときは3分の1自己負担でした。それを捻出するために、夕方7時から朝3時まで新宿の荒木町のお好み焼屋でバイトして、朝3時に終わって皿洗いして、朝5時の始発に乗って、小田急線の向ヶ丘遊園で降りて、6時に体育寮に行ってそのまま寝ないで朝練習に行きましたよ。実はそれが教員からプロレスラーに転向し、ソウルオリンピックを諦めた大きな要因でした。学校の先生は初任給が当時13万円でしたけど、派遣のための負担金は出せません。そのイメージをずっと持っていたので、国会議員になった後は必死にｔｏｔｏの法律を作ってスポーツ振興財源を何とか安定的に捻出するために超党派で走り回りました。そのための財務省との交渉も大変でしたが、そういう意味では本当に国会議員にしていただいて良かったなと思いましたね。

スポーツの未来のために

――ガバナンスの問題ですとか財源ですとか、スポーツ界の課題は少なくないと思いますが、これから取り組みたい政策は？

たくさんあります。スポーツの価値を高めるために頑張りますと言えば一言ですけど、具体的に言えばバドミントンの桃田賢斗選手の姿というのを学びたいし、池江璃花子選手の生き抜く姿っていうのも学びたいと思います。一人ひとりの選手のスポーツとの関わりや、ルールの下で失敗もあるけれど、いかに現実を直視してそこから学び、再生していくかという姿は、示唆に富んだ生きる勇気を国民に与えると思います。世界中の皆さん方に感動を与えると思います。感動はエモーショナルなものだけじゃなく、エネルギーとして次に何かを成し遂げようという原動力にもなります。加えて国境を超えて言語を超えて、宗教を超えて肌の色を超えて理解することが必要なのだというソフトパワーを定着させる上で、スポーツの果たす役割は大きいと思います。同時にスポーツでお金を稼ぐことやスポーツで地域を創生することも大事だし、スポーツはスポーツのジャンルだけで縮こまっているのではなくて、有機的に連動させていくことが大事だと思います。例えば東京大学駒場キャンパスがある目黒区の地域社会と連動して地域開発モデルを作り、地域の方がスポーツに親しんだり、スポーツに関する講座を受けたり、コミュニティとスポーツがつながってWell-beingないきがいのある地域社会をつくっていくという貢献もありだと思います。

——いよいよ東京2020大会の開催が間近に迫っているわけなんですけれども、さまざまな意見がある中で、開催する意義、そしてレガシーとして何を残したい、残すべきかと。

コロナが人類にとって当面の困難であることは疑いようもないじゃないですか。その困難な状況を避けるのではなく、コロナの状況であっても、社会、経済、教育、福祉の活動を止めない象徴として、オリンピックというイベントを円滑にどう開催できるのかという道を探る、いいレガシーモデルだと思います。今回の東京2020大会のモチベーションの一つは復興オリンピックでした。そして21世紀のイノベーションを日本が創り出すと。この目標に加えて、古くて新しい感染症の時代にあって、ゼロ・コロナは無理でもウイズ・コロナの時代をたくましくそれぞれの立場で生きていく、配慮し合い、気を使い合う、理解し合う、それを象徴するイベントとして、オリンピックがどういう形でできるのかと模索していくべきでしょう。

――馳さんの思い描く姿は？

今やネット動画などいろんなやり方でリアルタイムやオンデマンドで提供できます。そこにテクノロジーによって情報も付加できる。360度の映像を使って届けることもできる。こういうのをどんどん取り入れて、放送と通信の融合、ネットとオリンピックという新たな価値観を生み出して提供していくのも面白いんじゃないかな。ホログラムの技術を使えば渋谷のスクランブル交差点でリアルタイム映像として、走高跳びや柔道の決勝戦を映像を宙に浮かせて映すことができるじゃないですか。そういう新たなテクノロジーによって新たな楽しみ方ができ、そこに新たな価値観が生まれてくるという象徴としてオリンピックのイベントを使うこともありだと思います。選手の家族は海外から東京に行けないけれど、戦っている姿がリアルタイムの映像で目の前に再現されるというオリンピックの見方もできるじゃないですか。IOCのすべきことは、新たな価値観を生み出して提供し、それで金も儲けると。それで途上国にもそうした価値観、喜びを提供していくというのもできるんじゃないかな。それを阻んでいるものがあるとしたら、多分IOCの旧態依然としたルールかもしれないし、それを受け入れようとしない、固定的な独断と偏見かもしれないし。できることがあるのをどんどん提供していき享受することができる環境、これが本来のオリンピック精神なんじゃないかなと思いませんか。

［2021年4月9日にインタビュー］

スポーツの臨界点

スポーツはいまどこにいるのか。スポーツ文化学のパイオニアであった中村敏雄は、晩年に公刊した書で、「いまスポーツはその発展の限界に近づきつつある」(中村,2007,5頁)と断じている。中村がいうスポーツは競技スポーツを指しているが、中村はその根拠として、いくつかの論点を挙げ、第一に世界記録が出なくなったことに注目する。この傾向は陸上競技、競泳、スキー、スケートにみられるという。

試しに最新の陸上競技の世界記録を確認しておきたい(※1)。生前ドーピングの噂が絶えなかったジョイナーがソウルオリンピックの年(1988年)に出した女子100m・200mの世界記録は現在もなお世界新であり続ける。また、男子100m・200mはボルトが2009年に出したものが長らく更新されていない。確かに短距離走はすでに限界に近いのか。その他の陸上種目、特にフィールド競技でも、男女とも東西冷戦下であった1980年代の旧東側諸国選手のものも散見される。加えて、冷戦終息後の1990年代の新記録が少なくないことにも気づく。事実は今となっては闇の彼方だが、ドーピングと世界記録との親和性を勘ぐってみたくもなる。

他方で中村は、アスリートが全身全霊をかけて挑む100分の1秒の記録の向上は、100mにこれを換算すれば、わずか3ミリ程度だと述べる。アスリートはこの3ミリの争いの中で、何をどれほど犠牲にしているのか、そしてまたこの犠牲はどれほどの価値や意味を持つのかということを、世間の人々が考え始めたのではないかと問いかける。3ミリで失うものが、得ているものよりはるかに大きく、その後の人生のすべてをかけても取り戻せない人が少なくないのではないかと推察する。そして、スポーツをエンターテイメントと考える人の急増によって、勝者に対する社会的評価もかつてより低く、かつそれが保持される時間も短くなっていると指摘する（中村，2007，5-6頁）。中村の指摘に考えを巡らせるとき、現代（競技）スポーツの臨界点は、古代ローマの詩人であったユウェナリス（D. J. Juvenalis）が古代ローマ人を風刺して述べた、「パンとサーカス」の比喩にみられる闘技場の剣闘士が命がけで演じた「娯楽＝エンタメ＝ショウ」にあたかも回帰しつつあるといえるように思えてならない。

芥川龍之介のスポーツ観

ところで、一部の例外を除いて、戦前のわが国の作家がその作品でスポーツを題材に述べることはなかった。しかし、日本文学史を代表する文豪・芥川龍之介は、箴言集（アフォリズム）である『侏儒の言葉』の中で人生を競技場になぞらえて次のようにいう。

もし游泳（ゆうえい）を学ばないものに泳げと命ずるものがあれば、何人（なんびと）も無理だと思うであろう。もし又ランニングを学ばないものに駈けろと命ずるものがあれば、やはり理不尽だと思わざるを得まい。しかし我我は生まれた時から、こう云う莫迦（ばか）げた命令を負わされているのも同じことである。

我我は母の胎内にいた時、人生に処する道を学んだであろうか？　しかも胎内を離れるが早いか、兎に角大きい競技場に似た人生の中に踏み入るのである。勿論（もちろん）游泳を学ばないものは満足に泳げる理窟はない。同様にランニングを学ばないものは大抵人後に落ちそうである。すると我我も創痍（そうい）を負わずに人生の競技場を出られる筈（はず）はない。

成程世人は云うかも知れない。「前人の跡を見るが好い。あそこに君たちの手本がある」と。しかし百の游泳者や千のランナアを眺（なが）めたにしろ、たちまち游泳を覚えたり、ランニングに通じたりするものではない。のみならずその游泳者はことごとく水を飲んでおり、その又ランナアは一人残らず競技場の土にまみれている。見給（みたま）え、世界の名選手さへ大抵は得意の微笑のかげに渋面を隠しているではないか？

人生は狂人の主催に成ったオリムピック大会に似たものである。我我は人生と闘いながら、人生と闘うことを学ばねばならぬ。こう云うゲエムの莫迦々々しさに憤慨を禁じ得ないものはさっさと埒外（らちがい）に歩み去るが好い。自殺も亦（また）確かに一便法である。しかし人生の競技場に踏み止（とど）まりたいと思うものは創痍を恐れずに闘わなければならぬ（芥川，2022，26-27頁）（※2）。

芥川は、人生という競技場に踏み止まりたいと思うならば、たとえ満身創痍になったとしても競技者が競技の場で戦い抜くように人生で闘えと檄を飛ばした。芥川流のシニカルさはあっても、多くの人たちが人生と競技をパラレルに捉えるスポーツ観がここにはある。そしてまた、すでに大正年代から現在まで通奏低音のように流れる、歯を食いしばってでも勝つという伝統的なスポーツ観が見て取れる。先に挙げた中村は、これに疑問を感じる人たちが多くなってきたといっているのであり、人生を競技場になぞらえ、刻苦勉励するかのごときスポーツのあり方はもはや臨界点に達していて、その背後にはスポーツのエンタメ化があるというのである。

スポーツの現在地

中村がスポーツの臨界点を述べてから10年余りが経ち、その後、人類はコロナという未曽有の危機と非常事態を経験することになった。２０２０年1月の国内初の感染者の確認以降、コロナは瞬く間に国内でも蔓延したが、各種のスポーツイベントの中止、入国制限、そして２０２０年3月には、東京オリンピック・パラリンピックの２０２１年夏への延期が決定した。そして、緊急事態宣言下でのほぼ無観客という従来とは異質の大会となった。

東京オリパラでの未曽有の経験の他にも、世界や日本でのここ10年での急激な社会変化とその経験は、スポーツの世界にも大きなターニングポイントの期間ともなった。ＳＮＳの急速な普及やデジタル機器の発達は、ＩＯＣ（国際オリンピック委員会）のデジタル戦略の一環として野球、セーリング、自転車など5種目のオリンピック・バーチャルシリーズとして新たな展開を促した。フィジカルなスポーツの世界とバーチャルスポーツの往還は、従来のスポーツの概念そのものを抜本的に変えてしまうのだろうか。いうまでもなく、スポーツ史学者のジレ（Gillet, Bernard）が述べた近代以降の大筋活動を基盤とした身体性、競争性、遊戯性に支えられたスポーツの特性（友添，２００９，29-31頁）はいま大きく揺らぎ始めている。そして後代の視点から見れば、私たちはスポーツそのものを根こそぎ変えてしまうパンドラの箱を開けてしまったことになるのだろうか。今後、ＡＩを活用した「デジタルトランスフォーメーション」（ＤＸ）はスポーツの世界やスポーツのビジネスモデルをどのように変え、どのような形で新たなスポーツの成長産業化に貢献するのだろうか、それとも牧歌的でどこか人間臭い近代スポーツや未分化でマイナーなスポーツを「時代遅れ」として、それらに終焉の楔を打ち込むのだろうか。

また、この10年は、Ｂリーグ（バスケットボール）やＶリーグ（バレーボール）、ＷＥリーグ（女子サッカー）、リーグワン（ラグビー）、ＪＤリーグ（女子ソフトボール）などの新しいリーグが立て続けに開幕したときでもあった。果たして、これらが今後わが国の社会の土壌に根を生やし、近い将来、大きな果実となり、国民に多くの夢を提供できるかどうかは極めて大切な問題である。未来は未知数だが、何よりもいま、誰もが最も広い意味でのスポーツを各自のライフスタイルに応じて生涯の友とする風土を醸成できるか否かにその成否がかかっているように思う。

本稿を執筆しているいま、運動部活動の地域連携・地域移行が始まった。明治20年代に主として旧制高等学校で始まった学校運動部は戦前戦後を通してわが国の人々のスポーツの原風景を形作ってきた。少子化の著しい進展は持続可能な学校運動部に赤信号を灯すことになったが、人口減少と高齢社会による地方の衰退への対応も喫緊の課題となった。地域移行後の運動部（地域スポーツクラブ）を核に、スポーツによる地域創生と地域スポーツの振興を行うことが求められる。地域社会の信頼関係や規範の醸成、ネットワーク構築に果たすスポーツの社会関係資本（Social Capital）としての有効性を確認する上でも、運動部活動の地域連携・地域移行は格好の契機となる。と同時に、地域からのスポーツによるグラスルーツの国際交流が不安定な国際関係の救世主となる日もそう遠くないと思えてくる。

これらの他にも、スポーツの世界からの社会変革への発信、スポーツ分野におけるＳＤＧｓへの貢献、スポーツにおける共生の範型の提示、スポーツインテグリティ擁護のための規範の構築など、現代スポーツの課題は多くある。これらの課題の解決の先に、ありうべきスポーツの未来が彼方に横たわる。先に述べたコロナの経験は、自然を人間に対峙するものとしてその制御と征服を以て文明としてきた人類に、自らが歩んできた進歩至上主義への大いなる懐疑をもたらした。自然との共存としての人間性や文化に根差したスポーツのあり方が今まさに問われる事態であり、私たちはもはやコロナの前には戻れないという現在地にいるという自覚が何よりも必要なのだ。

スポーツの未来学〜これからのスポーツに向けて

ところで、アカデミックな世界ではヤングサイエンスに属するが、「未来学（Futurology）」という分野がある。未来学は、未来が与えられた所与のものとしてあるのではなく、さまざまな未来への変動要因を考察の対象に入れながら、社会科学や統計学などの自然科学、ＡＩなどを駆使しながら、学際的な方法論によって未来を予測・推論し、如何にありうべき未来を創造していくのかが学自体の目的となる。スポーツの未来を私たちはどう創造し、構築していくのか。これは、なかなか手強い難問（アポリア）である。ただし、本書にはスポーツの現在地を確認し、そしてスポーツの未来を推論し、ありうべき未来のスポーツを創造するための至言が各所に埋まっている。現代のスポーツ界を代表する各氏のインタビューに埋め込まれた至言が、未来のありうべきスポーツのマイルストーン（道しるべ）を示している。以下、これらをアトランダムに挙げてみよう。

河合純一氏の自らの経験に根差した「『ミックスジュース型』ではなくて、みかん、ぶどう、りんごなどそれぞれが持つ個性、食感、味や色合いを生かした状態で混ざり合った『フルーツポンチ型』」（本書，175頁）共生社会論の提案、東京2020大会組織委員会会長を務めた橋本聖子氏の「東京大会にこれまでとは全く違う形のオリンピック・パラリンピックが求められているとしたら、私はコロナ感染症対策という世界が直面している大きな共通課題を日本が先頭に立ち、オリンピック・パラリンピックという舞台を通じて解決していこうとする姿を発信する必要」（本書，137頁）との覚悟、スポーツ庁長官の室伏広治氏の「世の中のあらゆるジャンルの中で、尿検査や血液検査をして本当に不正でなく自分の力でやったかどうかを試されるジャンルはスポーツ以外にないと思う」（本書，193頁）とのスポーツのフェアネスに対する揺るぎない信念が、本書の中の何気ない語りの中に埋め込まれている。

他方、JTB会長をお務めになられた田川博己氏の「ツーリズムを究めていくとホスピタリティにな」り、「スポーツは、必ず余韻があります。その余韻を独り占めして終わらないで、みんなで楽しむことも非常に大事なことなのです。」（本書，36頁）という「スポーツの余韻の楽しみ」というスポーツの本質への指摘、ラグビーワールドカップ2019日本大会組織委員会事務総長の任を見事に果たされた嶋津昭氏の「日本のスポーツは～（略）～もっと地域社会に開かれた形でスポーツを広げ、選手を地域が育て、各種スポーツイベントも開催しながら発展していくような形が理想ではないかと思う」（本書、46頁）とのこれからのスポーツのありうべき姿への示唆にみるように、プロフェッショナルな経験から発せられたこれらの言葉は重く、スポーツを考えるためのヒントがある。

文部科学大臣等を経て石川県知事に就任した馳浩氏は、「教員もしていたので、教育の世界でもスポーツの果たす役割は学校教育だけではないですし、地域スポーツもあり、トップレベルのアスリートの経験からもいろいろ貢献できる。プロレスもやっていましたから、プロスポーツによる振興も。政治の世界にスポーツの経験を生かしたり、スポーツの価値観を高めたりすることが大きな意味を持つのではないかということがだんだん形になっていった」（本書、203-204頁）と自らのスポーツと政治の関係の原点を語る。そして、スポーツの「感動はエモーショナルなものだけじゃなく、エネルギーとして次に何かを成し遂げようという原動力にもなり」「加えて国境を超えて言語を超えて、宗教を超えて肌の色を超えて理解することが必要なのだというソフトパワーを定着させる上で、スポーツの果たす役割は大きい」（本書、209-210頁）と語り、政治のスポーツへの介入に禁欲的であることを肝に銘じつつも、政治家だからスポーツにできる貢献があると自らの豊富な経験から発せられる言葉は説得的である。

文部科学副大臣時代に経験した2006年のトリノ冬季オリンピックでの惨敗を問題意識として、それ以降わが国のスポーツ政策に大きな影響を与え続けてきた遠藤利明氏は、文部科学副大臣の私的諮問機関を設けたが、そこから出された「『スポーツ』立国ニッポンを目指して～国家戦略としてのトップスポーツ〜」（通称「遠藤レポート」）で、「国家として取り組む以外に、世界のトップスポーツの中で日本が成功する道はない」と述べ、国会議員として初めてスポーツのあり方に強い懸念と警鐘を発した。この遠藤レポートは、翌2007年の「スポーツ立国調査会」の設置につながり、さらに2008年には自民党政務調査会スポーツ立国調査会から出された『「スポーツ立国」ニッポンを目指して〜国家戦略としてのスポーツ〜』（中間報告）に発展していった。そこでは、以下の3つの国家戦略の柱が述べられ、加えて「新スポーツ法の制定」「スポーツ省（庁）の設置とスポーツ振興組織の整備」「スポーツ予算の拡充」といった取り組みが示されている。

戦略1・競技力の向上に国を挙げて取り組む
戦略2・国際競技大会の招致に国として積極的に取り組む
戦略3・地域のスポーツ環境の整備を支援する

これは、その後に出されることになった「スポーツ基本法」の原型となった。また、現在では国のスポーツ政策の司令塔となったスポーツ庁であるが、本書で「スポーツ基本法ができるまでスポーツは文部科学省、障がい者スポーツは厚生労働省、スポーツビジネスは経済産業省、スポーツ外交は外務省、地域スポーツは総務省、それから全国の体育館やグラウンドは国土交通省というように所管が分かれていた」（本書，17頁）たとスポーツ庁設置の意図を述懐する。さらに東京オリパラを経験したいま、あらためて「部活動を含む地域スポーツの振興がまだまだできていない」（本書，16頁）との思いが、本年1月開催の日本スポーツ会議提言2023の「新しい時代における地域スポーツの創造を目指して」のテーマに集約される（※3）。

本書は先にも述べたように、スポーツ界を代表する諸氏の語りによって、スポーツの現在地を示すとともに、これからのスポーツのあり方の方向性を示唆するものであるが、本書を結ぶにあたって、多くの読者が本書を通して各氏の語りから多くを学ばれんことを念じつつ擱筆する。

（2023年4月23日記　編集長・友添秀則）

※1…2023年4月23日、World Athleticsの世界記録を筆者が確認。
参照：https://worldathletics.org/records/by-category/world-records

※2…『侏儒の言葉』は1923（大正12）年に「文藝春秋」の創刊時から連載されたものを集めた箴言集であるが、ここでは1968年に出版された新潮文庫版（第75刷）を用いた。引用は「人生」と題された冒頭のものである。なお、（　）は筆者。テキストではふり仮名がルビになっている。

※3…2023年1月23日に、わが国のスポーツ関係者が集い、スポーツ界が国・自治体・経済界等と連携し、スポーツの価値を最大限活かしながら、よりよい未来づくりを目指して、スポーツ政策について協議・提言する第一回目の会議が開かれた。会議では、「新しい時代における地域スポーツを創造するための7つの提言」が発表、採択された。

〔文献〕

芥川龍之介『侏儒の言葉・西方の人』新潮文庫．2022年
Gillet, Bernard, 1948, Histoire du Sport, Paris・Presses universitaires de France.
〈近藤等訳『スポーツの歴史』白水社．1952年〉
中村敏雄『近代スポーツの実像』大修館書店．2007年
友添秀則『体育の人間形成論』大修館書店．2009年
友添秀則「スポーツ立国論」をめぐって，友添秀則・清水 諭編『現代スポーツ評論 第26号 スポーツ立国論のゆくえ』創文企画．2012年

プロフィール（登場順）

インタビュー登場者&執筆者

泉正文（いずみ・まさふみ）　2章
1948年、北海道出身。日本スポーツ協会(JSPO)副会長。1991年、日本水泳連盟理事就任以降、スポーツ組織運営に関わる。日本体育協会(現・JSPO)国体委員長として国体改革を実現、専務理事として名称変更に尽力。東京2020大会組織委員会理事等歴任。

佐野慎輔（さの・しんすけ）　2・3・4章
1954年、富山県出身。尚美学園大学教授、産経新聞客員論説委員、笹川スポーツ財団理事・スポーツ政策研究所上席研究員等。産経新聞シドニー支局長、編集局次長兼運動部長、取締役サンケイスポーツ代表、オリンピック・パラリンピック教育有識者会議委員等歴任。

上村春樹（うえむら・はるき）　3章
1951年、熊本県出身。講道館館長、国際柔道連盟指名理事。1975年世界選手権、1976年モントリオールオリンピック無差別金メダル。全日本柔道連盟会長、日本オリンピック委員会常務理事、選手強化本部長等歴任、国際柔道殿堂入り。東京2020大会選手村村長代行。

田嶋幸三（たしま・こうぞう）　3章
1957年、熊本県生まれ。日本サッカー協会会長、国際サッカー連盟理事／カウンシルメンバー。筑波大学客員助教授時代に日本サッカー連盟技術委員長、専務理事、副会長を経て2016年から会長。日本オリンピック委員会副会長、東京2020大会組織委員会理事等歴任。

有森裕子（ありもり・ゆうこ）　3章
1966年、岡山県出身。スペシャルオリンピックス日本前理事長、日本陸上競技連盟副会長、大学スポーツ協会(UNIVAS)副会長。女子マラソンオリンピック代表として1992年バルセロナ大会銀メダル、1996年アトランタ大会銅メダル獲得。国連人口基金親善大使等歴任。

河野一郎（こうの・いちろう）　1章
1946年、東京都出身。日本スポーツ政策推進機構副理事長、日本スポーツフェアネス推進機構代表理事。筑波大学教授、東京2020大会組織委員会副会長、ラグビーW杯2019組織委員会副会長、日本アンチ・ドーピング機構理事長、日本スポーツ振興センター理事長等歴任。

遠藤利明（えんどう・としあき）　1章
1950年、山形県出身。衆議院議員、自由民主党総務会長。日本スポーツ政策推進機構理事長、スポーツ立国推進塾塾長、日本スポーツ協会副会長。東京オリンピック・パラリンピック大臣、東京2020オリンピック・パラリンピック大会組織委員会会長代行等歴任。

田川博己（たがわ・ひろみ）　2章
1948年、東京都出身。東京商工会議所副会頭、JTB取締役相談役。日本エコツーリズム協会会長。JTB代表取締役社長、会長、日本旅行業協会(JATA)会長、WTTC(World Travel & Tourism Council)副会長等歴任。東京都、福井県、鳥取県の観光アドバイザーも務める。

嶋津昭（しまづ・あきら）　2章
1943年、東京都出身。地方自治研究機構会長。ラグビーW杯2019組織委員会事務総長としてRWC2019を成功に導く。自治省（現・総務省）入省後、官房長、財政局長を経て初代総務省事務次官。全国知事会事務総長、地域総合整備財団理事長等歴任。

馳浩（はせ・ひろし）　5章

1961年、富山県生まれ。石川県知事。レスリング選手として高校教員時代の1984年ロサンゼルスオリンピック出場、その後プロレスラーを経て衆議院議員。文部科学大臣、スポーツ立国調査会会長、自由民主党政務調査会長代理、東京2020大会組織委員会理事等歴任。

友添秀則（ともぞえ・ひでのり）　5章

1956年、大阪府出身。日本学校体育研究連合会会長、日本スポーツ教育学会会長、大学スポーツ協会執行理事。環太平洋大学教授。早稲田大学理事・スポーツ科学学術院長、日本体育学会副会長、日本オリンピック委員会常務理事、スポーツ審議会委員等歴任。

編集担当

坂本典幸（さかもと・のりゆき）

1957年、東京都出身。日本スポーツ政策推進機構専務理事。株式会社JTB法人東京常務取締役、JTBコミュニケーションズ代表取締役社長、日本ラグビーフットボール協会専務理事、日本オリンピック委員会理事等歴任。

インタビュアー

高樹ミナ（たかぎ・みな）スポーツライター
櫻木瑤子（さくらぎ・ようこ）フリーアナウンサー
飯塚さき（いいづか・さき）スポーツライター
佐野慎輔（前出）

橋本聖子（はしもと・せいこ）　4章

1964年、北海道出身。参議院議員。東京2020大会組織委員会会長、東京オリンピック・パラリンピック大臣、女性活躍担当大臣等歴任。オリンピックに夏季3大会、冬季4大会出場、1992年アルベールビル冬季オリンピックスピードスケート1500m銅メダル。

山下泰裕（やました・やすひろ）　4章

1957年、熊本県出身。日本オリンピック委員会会長、全日本柔道連盟会長、国際オリンピック委員会委員。1984年ロサンゼルスオリンピック柔道無差別金メダル、全日本9連覇、203連勝のまま現役引退、国民栄誉賞受賞。東海大学体育学部教授、副学長等歴任。

福井烈（ふくい・つよし）　4章

1957年、福岡県出身。日本テニス協会専務理事。全日本選手権シングルス史上最多7回優勝、プロ選手としても活躍後、デビスカップ監督、オリンピック日本代表監督、日本オリンピック委員会専務理事等歴任。東京2020オリンピック日本選手団団長を務めた。

河合純一（かわい・じゅんいち）　4章

1975年、静岡県出身。日本パラリンピック委員会委員長。日本パラリンピアンズ協会会長等歴任。5歳から水泳を始め、1992年バルセロナパラリンピック出場、以降６大会に出場し金メダル５個を含む21個のメダル獲得。東京2020パラリンピック日本選手団団長を務めた。

室伏広治（むろふし・こうじ）　5章

1974年、静岡県生まれ。スポーツ庁長官、東京医科歯科大学特命教授。2004年アテネオリンピックのハンマー投げ金メダル、2012年ロンドン大会銅メダル、日本選手権20連覇。引退後、東京医科歯科大学教授を経て東京2020大会組織委員会スポーツ局長等歴任。

【一般財団法人日本スポーツ政策推進機構】
会長：河村建夫
理事長：遠藤利明
副理事長：橋本聖子、河野一郎
編集担当：友添秀則（編集長）、佐野慎輔（副編集長）、坂本典幸

スポーツが時代《じだい》の壁《かべ》を破《やぶ》る

スポーツフロンティアからの政策提言《せいさくていげん》

2023年6月20日　第1版第1刷発行

編著者　日本《にほん》スポーツ政策推進機構《せいさくすいしんきこう》
発行人　池田 哲雄
発行所　株式会社ベースボール・マガジン社
〒103-8482 東京都中央区日本橋浜町2-61-9
TIE浜町ビル
電話　03-5643-3930（販売部）
03-5643-3885（出版部）
振替口座　00180-6-46620
https://www.bbm-japan.com/
印刷・製本　大日本印刷株式会社

ISBN978-4-583-11606-8 C0075